Marie Jeanne Alice Gries-Orgel

Un an sans toi

AF814250

Marie Jeanne Alice Gries-Orgel

Un an sans toi

Éditions Vie

Imprint
Any brand names and product names mentioned in this book are subject to trademark, brand or patent protection and are trademarks or registered trademarks of their respective holders. The use of brand names, product names, common names, trade names, product descriptions etc. even without a particular marking in this work is in no way to be construed to mean that such names may be regarded as unrestricted in respect of trademark and brand protection legislation and could thus be used by anyone.

Cover image: Fourni par l'auteur

Publisher:
Éditions Vie
is a trademark of
International Book Market Service Ltd., member of OmniScriptum Publishing Group
17 Meldrum Street, Beau Bassin 71504, Mauritius

Printed at: see last page
ISBN: 978-613-9-58821-3

Copyright © Marie Jeanne Alice Gries-Orgel
Copyright © 2018 International Book Market Service Ltd., member of OmniScriptum Publishing Group

UN AN SANS TOI

Marie Jeanne GRIES-ORGEL

UN AN SANS TOI

À tous ceux qui t'ont connu.

À tous ceux qui t'ont aimé.

À toutes celles et ceux, à qui tu as bien plus apporté, que je ne l'ai jamais su.

Et bien entendu,

À toi, mon GG, avec qui j'ai traversé tant de choses.

Je t'ai connu un 13 mars 1971, et tu m'as quittée le 26 mars 2017.

Lettre à Gérard

Samedi 1er avril 2017

Tu es parti le 26 mars, 21 ans après ma grand-mère maternelle, que tu appelais "*la Germaine*"... Le matin, à la même heure : 8 h 32... Je tiens à dire que pour moi, c'est plutôt 7 h 32... Car tu es parti la nuit où on passait à l'heure d'été...

Je ne peux pas dire qu'elle nous a joué un sale tour, puisque tu étais arrivé au bout du chemin...

Une étape de plus, ou de moins, t'attendait, l'intubation pour t'alimenter, de la poudre gélifiante pour tous les liquides, chauds ou froids... Tu n'auras pas connu ça ! Merci, merci, merci... Toi qui étais croyant, qui priais beaucoup, tu as bien joué.

Je suis contente de ne jamais l'avoir su, les médecins m'ont parlé de cette intubation après ton décès !... Et le dernier petit-déjeuner du dernier lundi ici, dans cette cuisine que tu aimais tant, que tu avais choisie, (moi j'avais jeté mon dévolu sur des éléments jaunes) a été en tous points semblable, à tous les autres, depuis de longues années...

Pain de mie beurré, café au lait, et TÉLÉMATIN : William Leymergie était une de tes idoles du petit écran (ton grand allié)... Et bien sûr, tous les journalistes, surtout les femmes, toutes plus belles les unes que les autres (je répète mot pour mot ce que tu disais, n'est-ce pas?).

À partir de ce dimanche matin, que d'aucuns appelleraient "fatal" (ceux qui savent écrire) tout s'est déroulé à merveille.

Notre amie A-M, était en RTT (oui cette semaine-là !!!) et dès qu'elle l'a su, ton départ et tout et tout, elle est venue avec F dimanche dans l'après-midi… Mon amie Ch, sur place depuis midi, m'avait déjà apporté son soutien…

C, la voisine, descend quand elle peut…

Le lundi matin, qui aurait pu être un chemin de croix, a été une suite de bonnes nouvelles ! Les pompes funèbres, conseillées par A-M, ont été top, le prêtre, le père LEDOGAR, que nous avions choisi, était disponible, ainsi que la salle de courtoisie, tout s'est déroulé vite et bien…

De l'avis général, ce n'est pas courant, pour tout coordonner, il faut parfois de nombreux appels téléphoniques, sans forcément obtenir, ce qu'on veut.

Le jour de tes obsèques, ça a été le plus beau jour du printemps… Une journée magnifique…

La messe a été un pur bonheur, j'ai chanté devant ton cercueil. On m'aurait dit ça un jour, j'aurais ri… Ou je ne l'aurais pas cru… Mais je l'ai fait…

La collation dans la salle a été chaleureuse et conviviale, tous étaient conscients que 15 ans à te battre contre la maladie, c'était bien suffisant, que tu étais parti dans la dignité… Et c'est vrai, c'est magnifique.

Ce matin 1er avril, j'attends le "poisson d'avril" de TÉLÉMATIN, tous les ans, c'était à celui qui le trouvait le premier.

Comme j'écris, là, j'ai du le louper… Mais comme c'est mon 1er AVRIL sans toi, j'ai des circonstances atténuantes.

… Petit regret : je n'ai pas encore eu de signe de toi… Mais je pense que j'en aurai un… Si, si.

1976 : CANICULE !

C'est dans les plus chaudes journées de cette année-là que nous avons décidé de repeindre notre salon !

Il faisait plus de 30 degrés dans la pièce et ton pinceau restait collé tant il faisait chaud…

Tu m'as demandé à boire. Je suis allée dans la cuisine, mais au lieu de te servir ton verre d'eau, je me suis dit, tiens, c'est l'heure de l'apéro !

C'est avec un verre de Martini blanc, avec un glaçon, que je me suis tranquillement réinstallée sur ma chaise, au pied de ton échelle…

Ce n'est qu'en levant les yeux, et voyant ton air éberlué, que j'ai réalisé…

Bien entendu, je me suis empressée de te servir…

Nous en avons ri souvent.

C'est aussi l'année de notre premier contact avec les réalités fiscales : l'impôt sécheresse !

Dimanche 2 avril

… J'attends bien entendu 8h32, ça fera à ce moment-là une semaine que tu nous as quittés… Que tu m'as quittée… Mais rassure-toi, point de reproches dans cette phrase.

Depuis que tu es parti, je me fais tant de reproches à moi-même !

Ai-je tout fait dans les règles ? J'étais ton aidante, mais sans aucune vocation et souvent, mon manque d'expérience me rendait furax…

Il y a 3 ans en te soulevant, je me suis démis une vertèbre… J'ai marché courbée, pendant près de 2 ans… Ensuite, des sciatiques à répétition, des douleurs comme des coups de poignard dans les genoux… Et la hantise de ne plus pouvoir assurer, je n'étais contente que lorsque tu étais enfin assis dans ton fauteuil, devant ton bol de café ! Ce qui ne veut pas dire que d'autres peurs ne m'assaillaient pas… Les lundis, où la présence de l'aide ménagère, 2 heures par semaine, me permettait d'aller à la piscine… Les autres matins, où je devais te laisser seul, une heure environ, pour faire les courses… Toujours le stress, jamais de sérénité.

Au début, les dialyses c'était 3 fois par semaine, le matin, et l'ambulance venait te chercher à 6h30… Je me levais à 5 heures, pour te préparer, et nous nous mettions un point d'honneur à prendre tout de même le petit-déjeuner ensemble…

À partir du mois de mai 2016, ou le 1er, un autre AVC t'a à nouveau fait régresser, les dialyses c'était les après-midi… On te cherchait à 13 heures et nous étions tous les deux d'accord pour dire que c'était bien mieux, enfin bien mieux, pour les horaires des dialyses, car à partir de là, les infirmiers venaient à tour de rôle te lever le matin pour te mettre dans ton fauteuil… Ton côté droit avait été touché, encore, et nous savons maintenant que tu ne marcherais plus seul, sans aide, sans tes appareils (rollator et autres moyens de locomotion)…

Par contre et contre toute attente, tu parles à nouveau très bien, tu disais : “*ça y est je reconnais ma voix, elle est revenue*”. Tu avais aussi gardé, et c’est le plus jubilatoire dans toute cette période, ta tête claire et tes facultés intactes… Même si quelques périodes un peu floues m’inquiétaient profondément… J’avais si peur de tout.

Friand de musique, de cinéma, de reportages télévisés, jusqu’au dernier vendredi où je t’ai vu, tu m’as demandé d’enregistrer ce que tu “loupais” sur les chaînes très limitées de ta télé de l’hôpital…

Je dispose ainsi du reportage sur MICHEL BERGER, que tu ne verras jamais.

Longtemps tu lisais ou tu te servais de ta tablette, grâce à la WIFI gratuite et uniquement disponible au service de dialyse.

Mais ta tablette était lourde, ta main droite plus faible, peu à peu, tu ne voulais plus l’emporter dans ton sac… Un autre de mes regrets est bien entendu que je ne t’en n’ai plus acheté d’autre… Plus récente, plus légère… Mais lors d’un de tes moments de confusion tu avais bloqué ta tablette et l’opérateur a dû la remettre à zéro pour la réactiver… Tu auras ensuite bien moins de plaisir à l’utiliser, car tu ne retrouveras plus rien.

Ton grand ennemi a toujours été le téléphone portable : tu n’as jamais adhéré !

Depuis 1993, moi j’étais équipée et, bien entendu, je t’avais équipé aussi !

Une mauvaise idée, car cet outil au lieu de nous rapprocher, a été la raison de bien de prises de tête ! Jamais joignable, quand je voulais t'appeler, tu avais par contre toutes les ficelles pour l'utiliser, pour les reproches, quand je ne rentrais pas assez vite à ton goût !

Mais j'ai tout de même été dans tes derniers contacts… Moi et certains amis proches, tu étais si éclectique…

Ce matin le ciel est gris, il est 7 h 32, l'heure d'hiver de ta mort… Oui, si tu étais mort un jour avant, tu mourrais à l'heure là… Alors je vais la garder aussi, ce sera une date de plus, une heure de plus, dans le livre de notre vie, qui regroupe tout de même 42 ans, 3 mois et 13 jours…

Mardi 4 avril…

Oui, hier je n'ai rien écrit… Depuis hier matin, en fait, un doute m'assaille… As-tu assez mangé ? Un jour dans le cahier de liaison avec le service de dialyse, le médecin avait souligné ta faiblesse, due (en partie) à ta conviction "vegan", tu ne voulais plus manger de viande… D'ailleurs, nous avions centré le principal repas au petit-déjeuner, où tu mangeais copieusement : plusieurs toasts, du café. J'avais enfin trouvé la marque que tu appréciais et, tu le soulignais, très souvent un fruit et parfois un yaourt… À midi, un liquide riche en protéines et le soir des petits plats, pizza, quiche ou petits canapés, que je garnissais de crevettes, de sardines, d'œufs durs, de cornichons et… de jambon, ou du poulet en tranches… et des tomates cerise… et un fruit… Je ne t'ai jamais menti et tu savais que je « trichais » avec le jambon, il te fallait à mon avis quand même quelques protéines animales. La dernière année tu étais la plupart du temps couché le soir, mais le matin, jusqu'à ton dernier jour ici, le 20 mars, tu restais 5 à 6 heures sur ton fauteuil, devant ta télé, ou ton ordinateur…

Tu râlais : ta vue baissait, mais n'empêche que tu as lu jusqu'au bout, grâce à tes liseuses, où tu pouvais régler la grandeur des lettres… Tu étais passionné de tant de choses… La première guerre mondiale, la deuxième, la science-fiction, la géographie et tu m'avais fait découvrir bien des choses et j'aurai l'occasion d'en parler…

Hier et aujourd'hui, j'ai surtout besoin de me rassurer sur ma façon de te nourrir, les derniers temps : t'ai-je affamé ??? À la réflexion, difficile de te faire manger ce que tu ne voulais pas… La viande, surtout, tu te proclamais "vegan"… Rien d'étonnant, tu aimais tant les animaux… Mais je compensais, jambon, œufs, fromage, sans même que tu le saches… Les petits canapés du soir, ton sempiternel pain de mie, étaient copieusement garnis… Mais la petite phrase dans le cahier de liaison avec l'hôpital : « *e patient s'affaiblit à cause de ses convictions* » m'avait ébranlée… Avec le recul, qu'aurais-je pu faire… Nous avions toujours tant d'espoir, tu avais encore tant de projets…

… Tu avais tout de même le droit de te nourrir comme bon te semble. Je t'avais informé de ce commentaire et pour plein de raisons je ne répéterai pas ta réaction.

… Tous ceux qui appellent, sont passés au crible de mes questions (sur le sujet de la nourriture)… Vu les circonstances, ils me répondent patiemment… Soyez tous remerciés de vos propos qui me mettent du baume au cœur…

Aujourd'hui : Pédicure… Au dernier RDV, il y a 6 semaines, j'étais partie un peu « juste » de chez nous et, au retour, tu m'as dit que la pédicure avait appelé…

En reprenant ce nouveau RDV avec elle, je me suis dit,

comme tout au long de cette année 2017 « *qui sait où nous en serons d'ici le 4 avril* »... Voilà, je le sais.

PS : toujours pas de signe de toi.

Vendredi 7 avril...

Pas grand-chose à dire, je suis happée par les démarches, le tri, le rangement... Tu aimais bien me voir dans ces phases-là : tu serais ravi... Je ne sais pas trop comment tu es, ni où tu es, si tu me vois, une petite frustration en découle... J'attends tes manifestations, même si j'interprète beaucoup de signes, comme venant de toi. Mais je te connaissais si bien, je saurai décoder le « vrai » signe, celui qui ne peut venir QUE de toi !

Aujourd'hui, je vais à la mairie, chercher un certificat d'hérédité et, cet après-midi, on vient me réinstaller la chambre à coucher. Un de mes grands remords, c'est d'avoir accepté ce lit médicalisé que tu n'aimais pas... Certes, c'était devenu indispensable à cause des escarres, mais ce lit a quand même marqué un virage... Tu n'y as pas beaucoup dormi... Réceptionné le 10 février, tu étais depuis ce jour-là souvent hospitalisé... Tes fausses routes provoquaient des pneumonies et tu étais tout le temps fiévreux, un état que les médecins n'aiment pas... Mais parfois, quand je venais te voir dormir, je te voyais collé à la rambarde et recroquevillé, même si ici, chez nous, tu as toujours bien dormi...

Un remords de plus, j'en ai quelques-uns que j'exposerai au fur et à mesure de notre « échange », du moins j'espère que c'en est un, j'attends des réponses...

... Les remords sont tous dérisoires et inutiles, je le sais bien...

Au fait, cela fait 15 jours, que je t'ai parlé pour la dernière fois… Après ton "*je vais mourir*", nous avons parlé de la télé de ta chambre, mal réglée, et je suis partie presque fâchée, parce que tu m'as dit : « *En tout cas si je m'en sors, j'aurai bien mérité d'avoir un chien* »… Et moi, ai-je mérité de m'occuper d'un homme malade et d'un chiot ??? J'avais tout fait pour ne pas céder, après la mort d'Olga à 16 ans, fin décembre 2014… Nous l'adorions, mais elle était âgée, sourde, impotente et, vers la fin, aveugle… Il a fallu l'emmener chez le vétérinaire. Il y avait une tempête de neige et les taxis refusaient de nous chercher… Encore un chemin de croix, que je ferai seule…

Samedi 8 avril

Hier à la mairie, avec le recul, j'ai eu de la chance… L'employée de la mairie a été adorable, car bien entendu j'avais été mal renseignée… Pas de biens immobiliers et pas d'enfants ? La mairie établit sans soucis un certificat d'hérédité ! Premier choc, le plafond des avoirs : 5 330 euros… Je panique, sur ton compte, près de 7 000 euros, économisés justement pour les obsèques… Heureusement, après discussion, il s'avère que ce qui est placé en assurance, et c'est le cas, échappe à la succession… Ouf !

Autre choc : tu es né à Épinal… Avez-vous l'acte de naissance ?… Ben non !!! Là je pleure, je craque, je remballe tout. J'ai juste envie de rentrer et de revenir quand j'irai mieux ! Mais une solution est trouvée, merci le fax et le téléphone, je rentre avec mes 5 certificats d'hérédité !

Pour la chambre à coucher tout se passe bien, j'ai récupéré notre lit et j'ai très bien dormi, c'est tout de même mieux que le canapé…

Encore une page qui se tourne, depuis 3 ans je dormais souvent dans le salon !

Tu avais un appareil pour les apnées du sommeil qui faisait du bruit, je jouais avec mon téléphone, ça te dérangeait, et les programmes que tu aimais à la télé, ce n'était pas forcément ma came.

En plus et depuis toujours tu zappes, et c'est particulièrement agaçant… En 2013, nous investissons, presque par hasard, dans un canapé-lit. Il s'avérera que c'est un des achats les plus judicieux que nous ayons faits depuis longtemps.

Mais retrouver mon lit cette nuit a été un bonheur… Un des premiers, depuis que tu es parti !

Depuis que tu as sombré dans le coma, il fait un temps magnifique… Et ça dure… Aujourd'hui déjeuner chez M à Kehl, demain, déjeuner ici, avec S…

Mais je prendrai le temps de te faire un petit coucou.

Dimanche 9 avril

Je ne vais pas te faire le coup tous les dimanches, mais aujourd'hui ça fait 15 jours que tu es parti…

Je ne peux pas me plaindre de nos amis, de nos connaissances, de nos voisins, je suis très entourée… Une voisine que je connais à peine est venue me prendre dans ses bras, juste comme ça… Et elle vient demain, pour la télé… Je me régale dans notre chambre, c'est un des premiers vrais plaisirs, depuis que tu es parti, me coucher, dans une chambre que j'ai rangée et que je peaufinerai encore… Ce matin, j'ai balayé, je me sens bien mieux, mon dos ne me fait plus mal…

J'ai renoué avec le tapis de fleurs que tu m'avais offert et que je ne pouvais pas mettre sur le canapé...

Je suis toujours dans l'attente d'un signe de ta part, mais si tout cela, c'était ta manière de te manifester??? J'aime à le croire.

J'aime à croire que les fois où j'ai craqué, où je perdais patience, tu les as comprises. Je sais d'ailleurs que tu avais compris mais aujourd'hui, c'est aussi un de mes remords "stériles", ces sentiments négatifs qui ne servent plus à rien, qu'à me faire souffrir et régresser.

Je suis plus contente que je ne pensais de la crémation, cette pureté, cette destruction de ton corps qui te causait tant de tracas...

Nos rapports étaient dans les échanges verbaux, l'humour, l'autodérision et la complicité.

Des goûts cinématographiques communs, ou pas, tu m'as fait découvrir des écrivains, moi aussi, et nous adorions la musique et pas forcément la même...

Une vie riche en discussions et en projets, jusqu'au dernier jour...

Ce dernier lundi matin (le 20 mars) ensembles, toasts beurrés, café et confiture, et ce plaisir toujours intact, que tu as évoqué, de la vue sur le jardin, depuis ta place à table.

Et la veille, le projet de changer la chambre à coucher, de mettre des placards.

Vendredi 14 avril : vendredi Saint !

Je reviens sur les points saillants : le 11 la clôture de ton compte à la banque : sans encombres… Tout le monde est gentil et attentionné…

En rentrant, derniers courriers, je verrai bientôt le bout des démarches, mais jusqu'à présent rien à dire, je rencontre des gens envieux de m'aider, ça fait du bien.

Inutile d'attendre le dimanche de Pâques pour écrire que nous n'avions jamais de chance avec cette période… Les fêtes de Pâques se situant selon les hasards du calendrier entre mi-mars et mi-avril. On peut dire que cette période n'est pas faste pour nous.

J'aurai l'occasion d'énumérer tout ce qui nous est arrivé dans cette période pascale, le bouquet final étant ton départ !

Tout au long d'une vie, il y en a des dates à célébrer et d'autres à oublier très vite, si on peut… Bien sûr on ne peut pas… Mais si l'âge mûr est souvent celui de la sagesse, c'est que sur la piste du bowling qu'est notre vie, les quilles tombent et ne se relèvent pas… Aucun fil invisible ne les relève au bout ! C'est une partie perdue d'avance et, au fur et à mesure que nous soufflons les bougies des années qui passent, nous soufflons aussi sur notre désinvolture… La gaîté et l'insouciance sont sans aucun doute l'apanage de la jeunesse, même si je sais bien que des moments jubilatoires sont encore au programme !

Toujours pas de nouvelles de toi, tu ne m'es pas apparu, je mise tant sur ce « contact ». Il faudrait vraiment que tu me rassures… Je sais aussi que tu as droit au repos…

Samedi 15 avril

C'est un jour sans… Je suis mal aujourd'hui, triste et sans espoir… Je sais ça passera, mais je m'entête à te voir en

1978 : NOUVELLE VOITURE

Nous avons craqué pour la toute nouvelle Renault 18, et nous l'avons achetée, blanche avec un intérieur bleu, trop belle (avec les critères de l'époque).

Nous avons revendu le véhicule précédent à ta sœur.

Un soir où tu es rentré avec un peu de retard (pas de portables pour se prévenir), je t'attendais à la fenêtre de la cuisine.

Quand j'ai vu une voiture blanche tourner le coin, descendre au garage, je me suis affolée, j'ai pris mes clés, et je suis descendue :

... Bien entendu, quand je t'ai vu sortir de la voiture, j'ai compris !

Une occasion (de plus) de me charrier devant famille et amis !

forme, alors que je savais bien que l'avenir aurait été difficile… Le médecin m'avait parlé d'intubation pour te nourrir, de sonde gastrique, car tes fausses routes survenaient à chaque repas… Tes poumons infectés occasionnaient fièvre et faiblesse… Le cercle vicieux… Mais moi, je ne savais pas, j'ai même appris, lors de notre dernière conversation, le vendredi 24 mars au matin, à l'hôpital (où je suis venue rapporter tes affaires sans même en avoir le droit) que les repas étaient « lisses », tu ne m'en avais pas parlé… Et avec le recul, heureusement, car notre copieux petit-déjeuner lundi 20 nous a comme toujours fait plaisir, et nous avions parlé de tout, comme toujours aussi… Et heureusement que j'ai bravé les interdits ce matin-là, je ne te reverrai que dans le coma… C'était notre dernier échange !

Tu adorais le vent… Ce matin-là, un des arbres bougeait, de ta place à table à la cuisine, tu le voyais depuis toujours, tu le disais à chaque fois… Les autres non, c'était assez étonnant… L'emplacement de la maison oblige le vent à trouver son chemin, ce qui occasionne des "couloirs de vent" et tu m'as dit que depuis la chambre, il y en a un autre qui bouge aussi…

C'est vrai, ce matin, j'ai vu l'autre arbre bouger, et j'ai tant pleuré, sur toi, sur moi, sur nous… Sur tout ce que je n'entendrai plus, ce que tu ne verras plus… Et tant de questions… Je te vois dans ton fauteuil roulant faire les mouvements conseillés par le kiné, pour entraîner les muscles de tes jambes, et attendant le café… Longtemps, tu avançais toi-même dans le couloir… Les derniers temps, je te cherchais… Je sais que nous avons connu des moments de bonheur, d'autres moins heureux… Mais tu aimais à dire que nous avions de la chance, alors aujourd'hui il faut à tout prix que je le pense aussi…

Dimanche 16 avril : dimanche de Pâques

Je ne suis pas mieux qu'hier, mais c'est normal, c'est une sale période ! Demain, mon père aurait eu 89 ans, ça fait 12 ans qu'il nous a quittés.

Son dernier anniversaire, fêté au restaurant, le 17 avril 2003, pour ses 75 ans, était la dernière occasion de nous réunir tous…

En août de la même année, le cancer de ma sœur s'est déclaré et elle nous a quittés en janvier 2004… J'aurai l'occasion d'y revenir, au cours de cette année qui va venir, je vais égrener tous les moments…

Mais de façon incompréhensible, les enfants de ma sœur ont rompu les ponts… Ma mère tenait à ce que je garde le lien, j'envoyais des cadeaux, des habits, des accessoires, des chèques à toutes les naissances, les Noëls, les Pâques… Jamais de merci, jamais de réponse, mais je le faisais pour elle…

Depuis le départ de mon père, ma mère avait peu d'occasions de se réjouir.

Elle s'était isolée, voyait peu de monde, décourageait les amis au téléphone !

Mais revenons à toi, en toute franchise, je dois dire que tu n'aimais pas mes parents, comme tu aimais d'ailleurs peu de monde, tu ne voulais que moi !

J'étais le centre de ta vie, ce qui ne t'empêchait pas d'être d'une grande exigence, ton regard sur moi était sans complaisance…

Tu t'en prenais à moi devant tout le monde en des scènes gênantes qui plombaient l'atmosphère… Je te répondais, (d'un tempérament sanguin, moi aussi) ce qui n'arrangeait rien.

Tu as fait le vide, beaucoup d'amis ont déserté notre maison, d'autres heureusement nous ont toujours été fidèles…

Il y en avait qui avaient grâce à tes yeux, essentiellement des hommes, tu étais si macho !

J'avais avec ma mère des rapports, disons, compliqués, mais je me souviens d'une phrase, qu'elle m'a dite un jour : « *Tu étais une petite fille si gentille* »…

C'était bien entendu de la manipulation, car elle me reprochait aussi, à d'autres moments, d'être effrontée, mais elle a tout de même mis le doigt sur un fait : tu m'avais transformée… Tu m'avais rendue triviale, parfois grossière, sur la défensive, et il m'est arrivé de me laisser influencer par toi, jusqu'à m'en prendre à des gens à qui au final je n'avais rien à reprocher…

Je suis d'une génération où on se mariait jeune, la cohabitation hors mariage était prohibée et nous étions des gamins, quand nous convolions en justes noces… Nous étions tous malléables, pas encore mûris par la vie et nous commencions tout en même temps : la vie professionnelle, la vie de couple et, pour la plupart, la vie de parents… Comment ne pas se faire « bouffer » à 21 ans ! Je voulais tellement bien faire.

Dans ces lignes je ne m'excuse de rien, j'énonce des faits, j'avais choisi mon camp et aujourd'hui je suis heureuse et fière de ne pas l'avoir déserté.

Lundi 17 avril

Mon père aurait eu 89 ans aujourd'hui, impossible de ne pas l'évoquer, mais voilà, c'est chose faite.

J'ai passé un épouvantable samedi, suivi d'un épouvantable dimanche... Larmes, sanglots, regrets, remords...

Je voulais commencer ce lundi de façon plus constructive, mais voilà, j'ai craqué... J'ai pris ta place à table, comme chaque fois, que je prenais un repas seule... Il faut admettre que c'est la meilleure, en face du jardin et d'une grande fenêtre qui donne sur des arbres et pas de vis-à-vis...

Je prends un copieux petit-déjeuner et, tout à coup, je me mets à me balancer, d'avant en arrière... Comme toi !!! Tu faisais toujours ça sur ton fauteuil...

Des escarres, des mycoses rendaient parfois ta position inconfortable et tu la réajustais... Nous étions d'ailleurs venus à bout de tout ça, grâce à ce matelas médicalisé, tant honni ! Mais ton côté droit, touché par les AVC, était plus faible et tu rétablissais ainsi ton équilibre.

Tu avais bien récupéré ta main pour manger et pour la plupart des gestes, à part l'écriture, et ça te chagrinait... Tu parlais comme avant et tu avais jusqu'au bout toute ta tête... Bluffant... Tu te rappelais de tout, parfois mieux que moi et tu n'étais pas peu fier de me le faire remarquer.

Il faut à tout prix que j'intègre dans mes réflexions le fait que ce quatrième AVC aurait tout changé...

Déjà, on parlait de sonde gastrique, mais là, le placement en institut spécialisé aurait été nécessaire !

Le 26 janvier, soit deux mois pile avant ton départ, un assistant social et ton médecin m'avaient mise en garde, et préparée à ça… Il fallait que je choisisse une maison de retraite spécialisée, les pauvres, j'ai si mal réagi !!! Comment pouvaient-ils me parler de placement, alors que nous passions de bons moments ensemble ??? Que je m'occupais de toi le matin, pour qu'après la venue des infirmiers, ils m'aident à te lever, nous déjeunions ensemble ? Que nous parlions de musique, de cinéma, de lecture, jusqu'au dernier jour ? C'était notre moment privilégié… Je te tartinais autant de tartines de pain de mie que tu voulais et que tu trempais dans ton café au lait, sucré de 8 sucrettes, que tu trouvais délicieux… J'avais en effet trouvé LE café, LE dosage et nous nous régalions…

Qui sait dans quel état tu serais, aujourd'hui, si tu avais survécu à cette nouvelle hémorragie cérébrale ? Tant d'histoires insupportables circulent, sur des gens qui n'ont plus que les yeux pour s'exprimer, ne bougent plus, ne parlent plus ? Sait-on ce qu'ils ressentent ? J'ai une connaissance qui a eu sa mère pendant 17 ans dans cet état-là… Sans compter que tout leur argent y est passé…

Sans être riches, nous avions de quoi voir venir, mais au rythme de ce que demandent ces maisons spécialisées, j'aurais dû reprendre le travail, jusqu'à épuisement de mes forces…

Quand tu m'as dit : « *Je vais mourir* », je ne saurai jamais si c'était une constatation, un vœu, un ressenti profond que tout ton corps te soufflait…

Mais je peux dire aujourd'hui, sois rassuré, c'était la meilleure option, pour toi, pour moi, pour tout le monde

Ton état était supportable, parce que tu avais gardé tes facultés… Un petit café par ci, un thé par là, voire un morceau de chocolat…

On aurait dû gélifier toutes les boissons, prohiber toute forme de nourriture solide, même AVANT cet ultime AVC…

Alors voilà, je pleure sur ce que de toute façon, nous n'aurions plus connu !

Il faut qu'à l'avenir, je garde les meilleurs moments de ce que nous avons vécu.

Tu avais choisi cet appartement, tu l'adorais et la propriétaire avait établi un bail de 7 ans… en 2009…

Il est amusant de constater que ce bail avait expiré le 15 novembre 2016… Depuis, ton état s'est dégradé…

Hémorragie du colon dû à un polype, opéré le 15 décembre et, depuis le début de cette année, les pneumonies dues aux fausses routes… La fièvre, la confusion quand tu revenais de dialyse… Et la faiblesse, que le corps médical attribuait à tes choix alimentaires « vegan », donc pas assez de protéines…

Sans savoir que le soir, je te faisais des canapés de jambon, d'œufs durs, de sardines… Sans compter les compléments alimentaires…

Oui, des gens moins optimistes que nous se seraient alarmés depuis longtemps.

Mais j'aime notre attitude, j'ai aimé notre optimisme, notre positivisme qui nous ont aidés à franchir tous les obstacles, parce qu'on y croyait… On riait beaucoup, on blaguait sur tout et sur tous… Nous prêtions des commentaires à notre chat et, quand nous étions en désaccord, nous le nommions avocat pour régler notre divorce…

Récemment, tu m'as parlé d'une croisière, pour voir les fjords…

Toi qui ne voulais jamais partir en vacances, cette idée aurait dû m'inquiéter…

Mais non : elle m'avait fait plaisir !

Peut-être étions-nous inconscients ? Et alors ?

J'écrirais encore, ce mois-ci, mais je vous préviens que le 1er mai, je m'abstiendrai…

Une des grandes ratées du corps médical a été la non prise en compte de ton AVC de ce jour-là… J'ai dû appeler le SAMU, qui t'a amené aux urgences, où tu as stagné dans les couloirs pendant un nombre d'heures que je n'ai jamais su définir… Dans ton état, diabétique, quasi hémiplégique, sans soins, sans tes médicaments… C'était en plus un dimanche, et jusqu'au mardi matin, jour de dialyse, un vaste flou dans ta prise en charge !

On prétend que ce n'était pas un AVC…

Flou qui continue jusqu'à ta sortie, le 7 mai… Mais j'ai pu te parler entre-temps et te voir !

On te ramène à la maison dans tes excréments et la jeune infirmière remplaçante, qui vient m'aider après un cafouillage au téléphone, s'en va épouvantée…

Je te lave, je te change, je nettoie le fauteuil, mais j'ai bien compris que tu avais régressé…

À partir de là, il faudra tout reprendre du début de ta rééducation…

J'ai fait des courriers à l'hôpital de Hautepierre, à la Sécu, au médecin traitant…

Je n'en n'attendais rien, mais certaines choses ont tout de même changé…

D'abord, tes séances de dialyse sont maintenant déplacées les après-midi de 13 heures à 17 heures pour qu'on puisse m'aider le matin...

Et un cahier de liaison pour suivre mieux ton état de santé.

Et un appel de ton médecin traitant, suite au scanner du mois de Juin (!!!), qui a conclu que c'était bien un AVC le 1er mai...

Mais elle me dit aussi que vu que le traitement était déjà en place, rien d'autre n'aurait pu être fait... À quoi bon discuter...

Je te verrai toujours assis dans ton fauteuil, à partir de ce jour, ou couché...

Comme je le disais plus haut, tu parlais bien, ta main droite avait repris la plupart des fonctions...

Les séances de kiné se sont espacées, je pense que nous étions tous conscients que marcher serait difficile, même si tu faisais tes exercices contre le radiateur et, qu'à part les dernières semaines quand les pneumonies t'ont affaibli, tu te déplaçais assez facilement dans ton fauteuil.

Cet AVC du 1er mai était le troisième.

Le premier, le 2 août 2005, pratiquement pas de séquelles, quelques difficultés de langage, mais fluctuantes, et qui vont disparaître, suite au traitement (PRÉVISCAN) sûrement !

Le deuxième, en mars 2015, j'ai beau fouiller, je ne retrouve pas la date précise... Mais tu es ensuite hospitalisé en Médicale B, puis transféré à Hautepierre, puis au SECOM à Illkirch, qui assurera ta rééducation... Des séquelles, certes, mais plein de bonnes nouvelles, jusqu'à ce fatidique 1er mai : troisième AVC...

Le quatrième, le 24 mars, 2016 te sera fatal… Tu me quittes après 2 jours de coma…

Tout le personnel en place ce jour-là, tous adorables, m'affirme que tu n'as pas souffert…

Profondément sédaté, « ils t'ont laissé partir »…

À moi, maintenant de te laisser partir…

Je sais que j'y arriverai.

Mercredi 19 avril

Malgré ma promesse, encore un flash-back : le 19 mars, c'était notre dernier dimanche…

Et demain matin, le dernier où je t'aurai fait ta toilette, passé toutes les crèmes et préparé le petit-déjeuner…

La toute dernière fois…

Et depuis des semaines, cette main glacée qui me sert le cœur : une funeste prémonition

Ce matin j'ai changé la cartouche couleur de mon imprimante… Je me souviens, j'avais acheté les deux, tu étais assis à ton bureau et j'ai changé la noire… Je t'ai demandé si je devais changer la couleur aussi, alors que l'impression était encore correcte, et tu m'as dit : « *Non, attends* »… Tu ne le croiras peut-être pas, mais je savais à ce moment-là que quand je la changerai, tu ne seras plus là…

Ces jours-ci il faut moche, gris et froid, ça n'arrange rien.

Demain journée à Colmar, je t'en dirai plus au retour…

PS : Toujours aucun signe de toi… Je vais finir par croire que j'étais dans le vrai, quand je te disais qu'on meurt et que

1979 : UN MATIN CALME

C'était une belle matinée d'été, il était tôt...

Je m'activais dans la cuisine, toutes fenêtres ouvertes.

Comme à mon habitude, quand j'ai senti que j'allais éternuer, je n'ai rien fait de spécial pour rester discrète et mon éternuement a éclaté comme une bombe.

... Et au loin, j'entends une voix masculine qui crie : « *À vos souhaits !* »

Tu l'avais entendu aussi et nous avons ri de concert...

Nous riions à chaque éternuement intempestif !

tout est fini… Que tout ce qu'on dit et qu'on écrit sur l'après, c'est pour rassurer ceux qui ont peur de partir…

Le 21 avril

Ma journée à Colmar est passée… S. a été adorable, le repas excellent et tu aurais fondu d'amour pour F.…

J'ai bien entendu versé ma larme, sur le chien que tu aurais voulu, après le départ de notre fifille, et que tu n'auras jamais.

C'est de ma faute, mais j'étais si fatiguée, je faisais avec mon rôle d'aidante, quelque chose qui me pesait, mais je le faisais pour toi, pour nous !

Nous en avions parlé, malgré mes « pétages de plomb », qui nous ont tout de même coûté une lampe de chevet, nous préférions cela… Une infirmière de plus, qui aurait forcément d'autres malades à voir, et qui ne viendrait sûrement pas à 6 heures du matin, nous aurait encore bousculés le quotidien.

Et surtout, le seul moment que nous savourions ensemble, et depuis (presque) toujours, le petit-déjeuner !

Il y a eu une période où nos emplois respectifs nous empêchaient de longuement nous attabler, mais nous nous rattrapions les week-end, les vacances, les jours fériés…

Toujours un moment d'échange précieux.

Disons aussi que malgré des rapports difficiles parfois, entre deux caractères forts, nous n'étions pas rancuniers…

Je ne pense pas que nous ayons boudé, pas une minute, et ça a rendu possible une vie commune, où ont régné l'amour, la complicité et l'humour jusqu'au bout.

Il faut bien que je te parle de ma visite chez la médium à Colmar.

Elle m'a parlé de toi, que tu étais là et que tu me protégeais, mais qu'il était bien trop tôt pour te manifester.

Tu devais régler des choses de ton enfance, tu avais à côté de toi une femme, ta mère sûrement, et deux enfants... Nous avons perdu un bébé avant la naissance, je pense que c'est peut-être lui... L'autre pourrait être ton petit frère mort à 3 ans et demi... Elle m'a dit des choses vraies, d'autres fausses, mais quand elle m'a dit qu'elle entendait une musique (nous en écoutions tous les matins) et qu'elle a dit : « *Il écoute votre chanson préférée de John Lennon* », j'ai été bluffée... Émotion intense, bien sûr... Émotion tout au long de la séance.

Je me dis aussi, et c'est seulement depuis hier, que tes quatre jours avant ton décès ont dû être plus difficiles que je ne le pensais, j'ai réalisé que (peut-être) ils te donnaient ces fameux repas lisses que tu détestais... Tu avais un air abattu quand tu m'as dit que tu allais mourir, comme si tu avais compris que les repas traditionnels c'était fini.

Je me raccroche tout de même à ta dernière phrase : « *Si je m'en sors, j'aurai mérité un chien* » qui m'a permis de partir sur une saute d'humeur, c'était bien de toi de m'infliger, sans états d'âme, l'éducation d'un jeune chiot en plus que de m'occuper de toi !

Je vais essayer aujourd'hui d'avancer le plus possible dans mes dossiers pour la réversion...

J'attends un signe, dès que tu es prêt...

Samedi 22 avril…

Un petit mot en passant

J'ai encore pleuré ce matin, sachant bien entendu que je pleure sur moi.

Ton parcours sur cette terre s'est achevé et même si des remords stériles me taraudent (il paraît que c'est normal) et que je compatis pour tes derniers jours sur terre où on a dû t'apprendre de mauvaises nouvelles, te connaissant, tu es parti heureux… J'avais fait ce que je pouvais et tu le savais, tant de gens m'ont dit que tu me remerciais pour tout…

Tu me l'as dit toi-même et tous les témoignages vont dans ce sens…

Tu sais bien que mon souhait le plus sincère est que tu reposes en paix, tes peurs et tes hantises sont enfin sans fondement…

J'ai quitté ma famille en me mariant, quoi de plus normal, et depuis, je fonctionnais en binôme… Être maintenant seul commandant à bord est un tout nouveau statut…

Ce chagrin, ce manque, ce vide, à ce jour me semble impossible à combler

Il paraît que c'est normal aussi !

Je reprendrai la plume bientôt, comme je te le disais, je voudrais éviter les : « *Ça fait un mois* » et le 1er mai : « *Ça fait un an* »… Car des anniversaires comme ça, je n'ai pas fini d'en « fêter », c'est idiot et inutile…

Pense à venir me voir, mon ourson.

Le 24 avril

Hier au premier tour, j'ai participé aux élections présidentielles et j'ai voté selon tes "consignes". Et j'ai souri, car "ton" candidat est sorti vainqueur, je pense qu'il sera élu président de la République à part un ras de marée...

Je n'aurais pas voté pour lui, mais finalement, ça m'a donné des consignes, je suis allée cool aux urnes.

Une belle journée, hier, j'ai pu me contenir, faire face, et ça m'a bien changé les idées...

Ce matin, séquence émotion tout de même : C. est revenue, notre ancienne aide à domicile, elle t'aimait bien, et elle est si efficace...

Je n'ai pas fait grand-chose ici, comme ménage, en même temps, ça fait plus d'un mois que je suis seule...

Voilà, je ne vais pas m'apitoyer d'avantage, car à quoi bon... Maintenant il faudra toujours gérer « l'après toi », ce ne sera pas toujours facile, mais indispensable.

Tu es dans mon cœur, et comme disait Victor Hugo : « *Tu ne vas plus où tu allais, mais tu es partout où je suis* ».

Il fait une journée radieuse... Viens me voir mon ourson.

Mercredi 26 avril

... Ça fait un mois que tu es parti, mais on va en profiter pour faire un « deal » : je ne parlerai d'anniversaire de ton départ, que lorsque le 26 tombe un dimanche...

C'est plus le dimanche matin, qui est plein de nostalgie pour moi, qu'un 26 lambda qui ne me parlerait pas...

Mais comme beaucoup de gens aimés sont partis un 26, entre autres mon père et ma grand-mère, ce jour aussi sera important, mais je le garderai pour moi.

Hier j'ai eu une discussion importante et salvatrice avec ta néphrologue. J'avais quelques questions, elle m'a répondu et peu à peu ces remords stériles et ces regrets inutiles ont de moins en moins de fondement.

Mon attitude vis-à-vis de toi, pas toujours patiente, est conforme, m'a-t-elle dit, à notre façon de fonctionner, dans les rapports de force et l'impatience… En changer aurait été pire, car révélatrice de ta dégradation.

Mon conscient ne se rendait pas compte de cette dégradation, mais mon subconscient, oui. J'avais tant de souffrances physiques et toujours cette main glacée qui me serrait le cœur depuis quelques semaines.

Je sais que tu le comprenais, mais tout de même, j'aurais aimé me montrer à ton égard plus juste, plus équilibrée.

Tu savais que mon rôle d'aidante ne me plaisait pas, peut-être aurais-je du moins le dire… Mais je rajoutais toujours que je le faisais pour toi, pour nous…

Et peut-être et peut-être… Tout est trop tard…

Pour ce que ça vaut : je te demande pardon… Je ne voulais pas le faire (te demander pardon), sûre de mon bon droit, mais je crois que je me sentirais mieux si tu me pardonnais.

Notre parcours n'a pas été facile, ni serein, ni classique, même si une vraie complicité nous liait… Et je t'aimais tant… Et je sais bien, que tu m'aimais aussi.

Le 27 avril 2017

Au début de ta maladie (le tout début, il y a 16 ans), je me réjouissais de toutes les sorties sans toi, je préparais tout ce qu'il te fallait et je partais l'esprit tranquille…

Au fur et à mesure, ces sorties étaient moins sereines… Surtout les six derniers mois… Et comment allais-je te trouver??? Ne risquais-tu pas de tomber du fauteuil? Ne risquais-tu pas un malaise, une aggravation de ton état?

Mais l'ironie du sort, c'est que les deux fois où tu es tombé du fauteuil, j'étais là… La première fois, en janvier 2014, tu t'es cassé le col du fémur. Je dormais et tu m'as longtemps reproché d'avoir appelé sans que je ne me réveille… J'ai fini par me réveiller, tu as appelé depuis ton portable, la ligne fixe… Ensuite pompiers, ambulance et opération du col du fémur, opération qui s'est bien passée… N'empêche que depuis ce jour-là, je ne t'ai plus vu marcher sans aide.

La deuxième fois, le 11 janvier de cette année, j'étais plongée dans un livre dans la chambre et j'ai entendu un grand bruit dans le salon. Quand je suis arrivée, tu baignais dans une grosse flaque de sang, inerte… J'ai appelé les secours et, une fois de plus, tu t'en es bien sorti! Le nez même pas cassé, tu es pourtant tombé face contre terre en voulant ramasser ton… coupe-ongles!

Depuis ton AVC de mars 2015 qui a été suivi d'une hospitalisation et d'une rééducation en centre spécialisé, jusqu'en octobre 2015, nous bénéficiions d'aides: des infirmiers, un kiné, une orthophoniste… Tout a commencé au centre de rééducation.

Ces presque huit mois sans toi m'ont finalement préparée à ce que je vis maintenant, le quotidien sans toi…

Bien sûr, j'allais te voir souvent, et je faisais ton linge… Et il n'y avait pas ce côté définitif…

Quand tu es rentré et depuis ce jour d'octobre, petit à petit tout est devenu compliqué, même si jusqu'en mai 2016 (cet AVC négligé par le corps médical), tes progrès étaient réels…

Tu arrivais à te dresser avec un rollator, tu parlais bien et ta main droite avait repris assez de vigueur pour te servir des principaux ustensiles… Surtout la souris de l'ordinateur et la télécommande de nos trois télés !

Mais tu étais si têtu… Tu voulais te coucher seul et le nombre de fois où j'ai dû appeler les pompiers pour te relever parce que tu n'arrivais pas à monter sur le lit et que tu tombais à côté dépasse la dizaine. Mais là aussi, une chance insolente, tu t'en sortais toujours bien !

Tu te disais geek et c'est bien vrai… Tu passais des heures sur ton ordinateur, tu enregistrais des films, on en possède des centaines, et des chansons… Jusqu'au dernier jour, après le petit-déjeuner, tu me mettais de la musique.

Nous avions des goûts communs, toutes ces immenses vedettes de nos jeunes années, et des goûts différents aussi, bien entendu… Malgré tout, tu m'enregistrais des CD de chansons pour moi, sans état d'âme. C'était juste pour moi, pour me faire plaisir… Des CD que j'écoute chaque fois que je prends la voiture, depuis de longues années.

Si je parle de sortie aujourd'hui, c'est que samedi soir, nous serons cinq nanas chez Ch. pour son anniversaire ! Pour une fois, pas le soucis de toi, de te trouver plus mal…

Dans ma nouvelle condition de veuve, le point positif, c'est cette liberté, cet « esprit tranquille » que finalement je n'ai jamais connu pendant notre mariage… Je suis une femme de devoir et chaque fois que quelque chose ne tournait pas rond, je m'en faisais… pour toi !

Durant ces 42 ans, nous avons passé par des périodes difficiles, par trois fois j'ai pris le large, je voulais respirer… Je n'avais pas vraiment quelqu'un d'autre dans ma vie, juste ras-le-bol de nous deux, des rapports que nous avions, tu étais si pantouflard…

J'aurai l'occasion d'en reparler mais il est déjà clair, à ce stade, que je ne t'ai jamais quitté !!! Je voulais obtenir que tu changes et tu as chaque fois fait des efforts, faut l'admettre…

Nous étions bien plus heureux les dernières années, plus apaisés et ce dernier logement que nous occupons depuis 2009, te plaisait tant !

Tu y étais vraiment bien et tu le disais souvent…

Tu as tiré ta révérence avec élégance et brio dans un environnement qui te plaisait et moi, j'y étais bien plus présente.

Tu as eu la « chance » aussi de commencer ta dialyse le mois de ma retraite et si pour moi ces trois ans ont été pénibles pour ma santé et mon moral, elles m'ont donné la sensation du devoir accompli que je saurai savourer quand le chagrin se sera apaisé…

Peut-être qu'un jour mon cerveau aura scanné tous mes souvenirs, tes paroles des derniers mois, les faits subconscients et qu'il y puisera de quoi me rassurer quant à mon attitude vis-à-vis de toi.

Si je ne suis pas croyante, si je ne crois pas en une résurrection, ni à une vie après la mort, j'ai une confiance dans le cerveau humain dont finalement, nous savons si peu !

Quand tu as su que dorénavant tes repas seraient lissés et que tu serais probablement intubé, tu as fait un ultime AVC et tu ne t'es plus réveillé…

Je te confirme que tu as fait le bon choix, même si mon cœur est brisé.

Ah le cerveau… C'est en lui que réside le grand mystère des âmes…

Le 30 avril

Tristesse en ce dimanche matin, c'est bien entendu normal.

Soirée avec mes amies, hier soir, très sympa. Elles ont été patientes, je n'étais pas toujours marrante… Mais peu à peu, je saurai rebondir.

Notre couple n'était pas classique, toutes les amies réunies hier soir le savaient bien… Mais nous vivions depuis plus de trois ans dans une bulle, en vase clos et le manque maintenant est d'autant plus fort.

À part tes sorties pour les dialyses, trois jours par semaine, tes différentes visites chez les spécialistes et tes hospitalisations, nous étions ensembles.

Je sortais moins et de toute façon moins longtemps. De plus, ma préoccupation c'était toi…

Jamais tranquille, depuis plus d'un an, consciente de ton état, mais comme je l'ai dit plus haut, c'était plutôt subconscient.

Jusqu'au bout nous avons échangé, parlé, même plaisanté.

1982 : MARKO

Je ne savais pas ce qu'était une vie avec un animal…

Mais en rentrant de vacances cette année-là, la maman d'une amie nous a rendu visite, ce qui était surprenant de sa part car elle n'était jamais venue malgré plusieurs invitations.

Elle nous a parlé d'un boxer magnifique, placé à la SPA… J'avais eu un bon feeling avec le boxer d'une amie de Lycée. Nous sommes allés le voir… Nous l'avons adopté !

Nous l'avons mis sur une couverture à l'arrière de la voiture et, prudente, j'ai avancé ma main vers lui…

Il m'a léché les doigts : le pacte était signé et 9 ans de bonheur nous attendaient…

Ton départ a été brusque…

Tant mieux, évidemment ! Même si tu t'étais remis de ce dernier AVC, tes poumons infectés auraient nécessité de te nourrir par intubation, tu avais goûté aux repas lisses, à l'eau gélifiée et tu avais détesté…

Alors aujourd'hui, tu serais peut-être encore hospitalisé, Dieu sait dans quel état et, par la suite, il aurait fallu te placer… Tu as bien fait de partir, comme je te comprends.

Là, je suis triste, mais je t'aurais vu dépendant et disons ce terme que je déteste « légume », quelle horreur !

Tu es parti dans la dignité, je m'occupais de toi jusqu'au dernier lundi matin et nous soulignions toujours que c'était mieux pour nous deux… Après 8 heures, heure de ton lever, nous avions notre journée et elle commençait par notre sacro saint petit-déjeuner.

Aujourd'hui il fait très beau, demain, ce sera le 1er mai… date de ton AVC, le troisième, et tu avais demandé que j'appelle les secours… Avec le recul, c'était peut-être une erreur, car ils n'ont pas fait grand-chose aux urgences et ce séjour t'avait traumatisé… Ils avaient affirmé que tu n'avais pas eu d'AVC mais le scanner du mois de JUIN (!) t'avait donné raison ! D'après ton médecin en dialyse, le traitement étant déjà en place, rien d'autre n'aurait pu être prescrit… Ils ne se tirent pas dans les pattes, entre confrères.

Par contre, nous l'avons largement souligné depuis, c'est à partir de ce moment-là que tes dialyses ont été reportées les après-midi (pour que les infirmiers m'aident à te lever le matin), un réel mieux que nous avons apprécié !!!

Nous avions conscience qu'une fois de plus, tu avais eu de la chance.

En ce week-end du 1er mai, je vais faire les papiers pour la réversion et les impôts…

Mardi matin j'irai tout poster.

Voilà voilà !

1er mai

Rapide passage, ce matin, dans ce journal… Hier journée où tu n'aurais pas compris mon attitude, larmes et chagrin toute la journée… En sera-t-il de même tous les dimanches ??? Il faut que je me secoue !

Aujourd'hui, comme promis, papiers à remplir, impôts et réversion, pour tout poster demain matin pour en finir…

4 mai

… Comme prévu tout a été posté le mardi, j'ai déjeuné en ville avec M. E.… C'est ma plus « vieille » amie, elle m'a vue dans mon landau… Âgée cette année de 66 ans, comme toi, même si nos routes n'ont pas toujours été parallèles, elle est le plus ancien témoin de moi, de toi, de nous.

Son mari est parti il y a 4 ans, emporté lui aussi par un AVC, mais plus lourd que le tien, il a tout de suite eu raison de lui… A. aura eu moins de chance, de toute façon nous ne sommes pas égaux devant la chance.

Tu aimais bien A.… Des passions communes, la musique, l'informatique et même un certain temps le même employeur…

M. est plus philosophe, en 4 ans, elle s'est forgé une contenance… Mais qui sait ce qu'il y a dans le cœur des gens… Moi j'ai beaucoup pleuré, l'occasion était trop belle, LOL, je m'en veux pour ça… Mais je ne peux pas endiguer mes larmes, elles montent, elles jaillissent et je sens bien que les réprimer, ce serait exploser…

Plaisant moment en ville, projets pour New York, tu avais aimé l'idée que j'y retournerai avec elle…

Donc, achat du timbre fiscal, photo spéciale passeport, ne me reste plus qu'à aller à la mairie de quartier demain matin…

Hier piscine…

Aujourd'hui ta mère aurait eu 97 ans… Emportée il y a 23 ans par un cancer, elle n'aura rien su de ta maladie…

Que dire de ta mère… Je dis volontiers que je l'aimais beaucoup, elle était fine cuisinière et on bavardait beaucoup… Elle parlait beaucoup de son passé de femme de militaire, de son enfance, de ses années difficiles pendant la guerre.

Je ne me suis pas beaucoup penchée sur ta jeunesse mais nous en avons parlé ensuite et, il n'y a pas si longtemps encore.

Le drame de la vie de ta mère, a été sans aucun doute la mort de son fils, à 3 ans et demi… Il est mort du croup, la diphtérie, et comme elle me l'a dit, pas un seul jour de sa vie, elle ne cessera de penser à lui…

Elle le surveillait, à l'hôpital, les sœurs lui ont dit de rentrer se reposer et quand elle y est retournée, il était parti…

Ce remords-là, elle l'a traîné comme un linceul… Depuis, on m'a dit que souvent les enfants qui doivent partir attendent que les proches ne soient pas là, leur chagrin les bloque…

J'aimerais savoir si on lui en avait parlé et si elle en avait alors éprouvé un peu de soulagement...

... Et tout ça pour dire, qu'à mon sens, elle n'a pas aimé ses deux fils qui ont suivi comme elle avait aimé celui qui est parti... Elle t'a déçu... Tes parents t'ont déçu... Mais tu étais secret, frustré et aigri. Ton cynisme cachait tes souffrances et même nos problèmes, ensuite, nous préférions les tourner en dérision. Certes, ça nous a permis de tenir, de rebondir... L'apitoiement, ce n'était pas notre truc...

Et même la dernière fois où je t'ai vu, tous mes voyants étaient au rouge. Je sentais que je te perdais. Nous avons rebondi avec une pirouette... Si je m'en sors, j'aurai bien mérité un chien... Et moi : On verra !

Ah, autre chose, c'est le troisième 4 mai sans toi... Il y a 2 ans tu étais en rééducation et l'an passé à l'hôpital, après ton AVC non reconnu comme tel... Je n'ai pas envie de sortir le calepin de 2014, si ça se trouve, tu n'étais pas là non plus.

De nombreux moments sans toi, depuis 3 ans... Mais la différence, c'est que tu finissais par rentrer.

Si je veux ne pas m'apitoyer, il faut que j'admette que tu déclinais. Je devais de plus en plus assurer et m'occuper de toi.

Avant ma tête, c'est mon corps, qui a crié grâce... Depuis le début de l'année, des sciatiques à répétition, des douleurs dans les genoux, te tourner, te laver, te soigner, était de moins en moins évident.

Mais là aussi, nous arrivions à en plaisanter, et tu m'as remerciée à plusieurs reprises pour ce que je faisais... Çà me touchait, çà me confortait dans l'idée que c'était la seule option envisageable… Je t'ai aidé jusqu'au bout… Je t'ai tant aimé car malgré tout, malgré nos passages à vide et nos scènes, tu étais l'homme de ma vie.

Encore une journée grise et froide, à part la radieuse semaine en mars, où tu es parti, le printemps se fait attendre…

Viens me voir ???

Dimanche 7 mai

… Jour des élections présidentielles… Nous saurons ce soir, qui de Marine Le Pen ou d'Emmanuel Macron sera Président de la République.

Je suis assesseur au bureau de vote du quartier, dans l'école en face de chez nous où nous allions d'ailleurs voter ensemble, notamment aux dernières Présidentielles il y a 5 ans.

Tu étais encore en forme… Tu marchais (certes moins et pas volontiers), tu conduisais… Nous ne te sentions pas en danger, la maladie était gérable.

En janvier 2014, la dialyse, ta fracture du col du fémur, ta chute avec les ambulanciers, tout avait collaboré à te fragiliser… Mais tu rebondissais chaque fois !

Mais comme toujours la dérision, les pirouettes, toujours les projets, toujours nos disputes pour 3 fois rien, mes reproches (tu es toujours dans la demande) et les tiens (tu es brutal et injuste). Je rétorquais que je n'ai pas la vocation pour être infirmière et nous finissions par en rire.

Mais notre conclusion était jusqu'au dernier jour la même : Nous avions raison de nous débrouiller ensemble, de déjeuner ensemble tous les matins et nous avons tenu jusqu'au bout…

Ce matin mon passage sera rapide, il faut que je me prépare pour la République☺.

… Je ne pensais pas revenir vers toi aujourd'hui, mais en ce 7 mai à 14 heures, il s'est passé quelque chose de déterminant pour l'avenir. J'ai senti que tu partais, que tu me libérais…

En fait, je me suis dit que si je respecte mon idée sur la mort, qu'elle est l'anéantissement de tout et que nous mourrons, corps et âme, pourquoi pleurer quelqu'un qui n'est plus là, qui retourne vers les néants, qui a eu son passage sur cette terre ?…

Mais si je me réfère à ce que disent beaucoup de gens, s'il y a une vie après la mort, si l'âme reste et nous protège, alors pourquoi craindre… Je ne risque plus rien… Tu sauras ma souffrance depuis que tu es parti, mes remords, mes regrets… Et tu les transcenderas, car si tout ça est vrai, c'est forcément bienveillant.

Je pense que dans les jours qui viennent, mon chagrin ne sera plus le même…

Si d'aventure, tu me faisais signe, j'adhérerais à la croyance que l'âme se sépare du corps, qu'elle s'élève et qu'elle nous protège, du moins un temps…

Voilà… Je vais mieux…

J'aime l'idée de t'avoir connu, aimé, d'avoir partagé plus de 42 ans de ta vie, dans les bons et les moins bons moments… Cette idée n'est plus forcément liée au chagrin.

C'était tout simplement notre destin, car le destin, j'y crois…

… Et au fait tu avais raison, Emmanuel MACRON est notre nouveau Président de la République…

8 mai 2017

… La journée a été passable, c'est vrai, je vais mieux par rapport à ma culpabilité, à ma façon de te nourrir, de te soigner… J'ai compris que ça ne servait à rien.

Comme je l'écrivais hier soir, au mieux tu es mort, comme je le suppose, définitivement sans rien savoir d'une vie que tu aurais eue, au pire, encore dans les limbes et à ce moment-là tu perçois ma souffrance et mon remords…

Je ne peux de toute façon plus rien y faire.

Ce soir c'est différent… Tu me manques… Ta voix, ta présence, ton regard, tout ce que j'ai vu et connu avec toi, depuis si longtemps.

Demain, mardi, les ambulanciers ne t'enfileront plus ta veste « comme chez le coiffeur », pour ne pas avoir à te lever de ton fauteuil et, au retour, ils ne poseront plus la sacoche que tu aimais tant sur la commode de l'entrée.

Je ne chercherai plus le cahier bleu avec les directives des infirmières de la dialyse et je ne préparerai plus tes médicaments et tes canapés avec le pain de mie sans croûte…

Je ne ferai plus le mélange compote et poudre anti potassium qu'il était impossible d'avaler autrement tant elle était dégueu… D'ailleurs cette méthode a été adoptée par le service qui trouvait cela judicieux…

Plus jamais… Ce soir c'est difficile et je pense que ce ne sera pas la dernière fois.

On ne vit pas tant d'années sans être imprégné de l'autre et les derniers mois, comme je le dis sur le remerciement, nous avaient encore rapprochés…

En plus il fait moche et froid, ça n'aide pas…

Je vais me coucher tôt et lire…

Demain est un autre jour, n'est-ce pas ?

Mercredi 10 mai

Hier journée avec M. en Allemagne… Super journée, autant point de vue météo, qu'ambiance… Tu étais présent bien sûr à chaque instant, et ce sera très longtemps comme ça…

J'ai pris des coups de soleil et tu aurais râlé bien entendu…

Ce matin R. revient pour la télé, plus de son dans la chambre et réglage des chaînes dans le salon…

Je reviendrai vers toi, les journées où je reste ici sont toujours plus difficiles pour moi, tu es tellement présent ici, dans cet appartement que tu aimais… Comme je l'ai dit à M. hier, je laisse passer un an, et j'aviserai.

Je verrai à ce moment-là si c'est judicieux de partir ou pas…

Encore du soleil aujourd'hui, c'est déjà ça…

Vendredi 12 mai

Aujourd'hui C., notre fille de cœur, passe un concours, alors merci de l'assister.

Bonjour mon ourson… Je t'ai toujours appelé comme ça et ça faisait bien rire notre entourage.

Tu me manques à chaque étape de ma nouvelle vie de veuve mais je sais aussi que, peu à peu, je me ferai une raison.

Même si tu vivais bien ta maladie, qu'à chaque coup du sort, chaque complication, tu rebondissais, tu es certainement soulagé et enfin en paix… Moi aussi, je l'avoue, j'étais si inquiète.

Mes maux de dos, mes pics de tension, tout ça va bien mieux depuis que je ne me soucie plus de toi, pour toi.

Quand je partais, (de plus en plus rarement) même pour faire une course, je n'avais de cesse de rentrer…

Et quand tu partais en ambulance pour les soins ou la dialyse, je ne savais jamais comment tu allais rentrer.

Souvent confus et fiévreux ou fatigué après l'attente dans les salles pleines de patients, les retours, les nuits, me faisaient peur… Tout me faisait peur et ça t'agaçait.

Mes interventions dans les gestes de la vie, mes questions incessantes, tu t'insurgeais… Je me souviens que, ma main qui passait devant toi pour t'aider à manger, tu avais envie de la piquer avec la fourchette. Parfois par jeu tu voulais que je te la donne, cette main, et tu la mordais… Ça nous faisait rire… Tu ne mordais pas fort et je faisais semblant d'avoir mal… Avec le recul ce jeu, qui peut sembler anodin, ne l'était pas tant que ça, tu évacuais ainsi un peu de ta frustration, tu m'enviais parfois ma mobilité, ma forme physique, même si les sciatiques à répétition me faisaient marcher courbée, depuis presque 3 ans…

Je marche droit depuis, les douleurs ont bien cédé du terrain…

1988 : L'EUROVISION

Dès le début de notre mariage, nous avions deux traditions... Nous donnions des notes aux chansons de l'*Eurovision* et aux candidates de *Miss France* !

Cette année-là, à la période de l'*Eurovision*, nous étions chez des amis de tes parents, à l'intérieur de la France.

Nous avons regardé l'émission tous ensemble et tu t'es amusé à traduire à ta manière, les paroles des chansons... genre :

« *On m'a habillé comme un sac et jeté sur la scène, et maintenant je chante n'importe quoi* »... Tout le monde était mort de rire.

Le lendemain, au lever, la maîtresse de maison m'a pris à part et m'a dit qu'avec ton talent de traducteur, tu devrais chercher un emploi dans ces compétences...

Parfois, quand j'y pense, je me demande si elle plaisantait !

Hier matin, piscine, et ensuite déjeuner avec N., la grande amie des bêtes, vos échanges étaient basés sur cet amour réciproque… Sa chienne attend des petits, il y a fort à parier que si tu étais encore là, c'est là que nous aurions craqué, encore que ce sont des « bas rouges », d'énormes bêtes… Ça nous aurait peut-être dissuadés…

Temps maussade ce matin, frais, bref le soleil et la chaleur ce n'est pas pour ce week-end paraît-il…

À tout bientôt

Le 13 mai

Finalement j'ai été injuste avec la météo hier il a fait une belle journée… J'étais à la gare chercher mon billet pour aller à Andlau dimanche et, au retour, j'ai eu pas mal d'occupations…

Mon moral était, disons correct, mais ce matin à nouveau, cette tristesse.

Il faut tout de même que j'analyse ce qui est censé me rendre triste dans cette histoire.

En tête, bien entendu, tu me manques, je suis si bavarde et ne plus pouvoir te faire part des remarques anodines de mes journées y est pour beaucoup !

Mais à part ça, je devrais être contente, nous allions de toute façon dans le mur !

Tes fausses routes nous plombaient le quotidien et là vient le moment d'avouer que j'ai toujours détesté ta toux… Tu ne savais pas tousser, de tout temps… Tu te contenais, tu devenais rubicond, tu cessais de respirer, il aurait fallu que jeune on t'apprenne à tousser ? Je suppose que la gamine de 10 ans, ta sœur, qui était aux premières loges pour s'occuper de toi, n'a pas très bien fait son job… Ta mère se plaignait de ta tardive « propreté » et racontait à tout le monde, surtout aux repas entre amis, tes couches malodorantes et ta complaisance à te faire dessus… Ta façon de te moucher, laisser le mouchoir ouvert, ne pas t'essuyer le nez et le jeter sans le rouler en boule, combien de remarques assassines de ma part ces actes ont provoqué !

À la fin, tu es devenu maniaque, plein de tocs, et de l'avis des gens touchés par les AVC, c'est une des séquelles…

Nous n'avons jamais parlé de la mort et nous étions un peu désinvoltes et aujourd'hui j'ajoute : heureusement !

Nous n'étions pas dans le pathos, chaque départ de la maison était dénué de sensiblerie, même le dernier… Tu m'as demandé pourquoi « ce vieux con », (pardon à l'urgentiste) voulait t'emmener à l'hôpital, c'est vrai tu allais plutôt bien mais ta fièvre persistante ne lui plaisait pas, à moi non plus d'ailleurs.

Tu n'es plus jamais rentré… Et nous savons comment je t'ai quittée le dernier vendredi : un envoi de bisous et un geste de la main…

Depuis ton départ, ma vie a tellement changé !

Je dors tout mon saoul, je sors sans me poser de questions et si le chat que tu m'as imposé n'était pas là, ce serait encore mieux… Rassure-toi, j'aime bien cette bête, il est gentil, et aussi indépendant que possible !

Mon café m'attend, je reviendrai bientôt vers toi…

Mardi 16 mai

Depuis dimanche le temps s'est remis, du coup je vais mieux… Si je fais abstraction des larmes dans mes yeux, mais au moins ce ne sont plus de gros sanglots.

Il y a le chant des oiseaux que tu aimais, le parfum des fleurs qui t'accueillait quand tu revenais en ambulance, au store qu'il fallait fermer dans ton bureau quand le soleil tapait sur ton ordinateur… Des petites choses du quotidien et le « plus jamais avec toi »…

Dimanche a été une belle journée, chez Ch., dans un bel appartement en pleine nature… Ses enfants sont sympas et très bien élevés mais ça, je m'y attendais ! Je les ai invités le 25 juin, j'espère qu'il fera beau et je suis confiante tout se passera bien !

À la recherche d'un boulot, comme tant de quarantenaires, Ch. cherche dans divers secteurs… C'est vraiment quelque chose que nous n'avons pas connu ! Moi je m'étais un peu émancipée par rapport au travail, en faisant ce qui me plaît et le temps que ça me plaisait ! Grâce à toi, les périodes sans activité ne m'auraient pas fait peur… Sauf que je n'en n'ai pas connu ! Ce n'était déjà plus le plein-emploi, mais j'ai toujours eu de la chance.

Toi tu étais content de ne plus travailler, ça devenait lourd pour toi, les entreprises devenaient plus exigeantes avec le personnel… Mais tu aimais ton employeur et beaucoup de collègues sont restés des amis.

J'ai choisi de rester sur la dernière phrase que tu m'as dite « En tout cas si je m'en sors, j'aurai bien mérité un chien »… C'est le « si je m'en sors » qui me plaît car il signifie bien que tu y as cru jusqu'au bout. Mes remords sont stériles, même mes emportements, à la fin, quand je trouvais les matins tes mains en sang car tu grattais tes mycoses et tes irritations et personne n'a jamais vraiment su l'origine, ni n'a trouvé la crème qui va bien…

Une fois propre et lavé, les journées étaient plus calmes, mais même si tes escarres étaient guéries, certaines rougeurs persistaient… En fait, ma réaction c'était de la peur, je craignais toujours mal faire et cette peur me rendait agressive… Nous en parlions, tu le comprenais… Mais bien entendu si j'avais su ta fin si proche, j'aurais réagi autrement… Mais aurait-ce été mieux ??? Là nous sommes restés naturels l'un avec l'autre dans notre mode de fonctionnement et tu as gardé l'espoir jusqu'au bout…

Ah oui, l'autre nuit, je me suis réveillée avec la chanson de Lennon dans les oreilles : « Stand by me »… Me l'as-tu envoyée ??? Est ce, enfin, un signe ?

Jeudi 18 mai

Cette nuit j'ai fait un rêve étrange… J'ai reçu une bénédiction, un homme approchait de mon visage un voile gris brodé d'un étrange dessin qui me rappelle celui qui orne un de tes t-shirts… Au moment où le tissu m'a touchée, je me suis sentie emportée dans une bienfaisante étreinte, bien entendu, ça m'a réveillée.

Toute la journée, aujourd'hui je suis triste, en fait, j'ai une nouvelle lubie !!!

Je me demande maintenant si tu étais heureux toutes ces années où tu disais aller bien et être finalement heureux de ne plus être dans la vie active, reflétaient-elles ton vrai ressenti ??? C'est vrai c'est très bête, ça ne change rien et de toute façon on ne peut plus rien y changer.

Mais je voudrais tellement être certaine que tu as tout de même eu de bons moments malgré ta maladie, malgré mon impatience parfois, les derniers mois quand j'étais à bout et que tu étais encore et toujours dans la demande.

Ce qui m'aiderait ? C'est que tu viennes me le dire, me le faire savoir, d'une façon ou d'une autre… Ces derniers mois tu étais toute ma vie et j'étais toute la tienne, avec les limites que ça comporte.

Demain je pars à Nice pour cinq jours, je te rendrai bien entendu compte de mon séjour dès mon retour…

La petite A. aura 2 ans, je ne peux m'empêcher de penser qu'il y a deux ans tu étais en rééducation et que nous étions pleins d'espoir…

Jeudi 25 mai

… Et me voilà de retour ! Tout s'est bien entendu bien passé, tous les gens que j'ai rencontrés te connaissaient, nul besoin de trop en raconter… J'avais la larme facile, mais bizarrement sans désespoir… Mais tous les paysages de la Côte d'Azur sont ceux que nous avions vus ensemble, forcément l'émotion était dans chaque instant.

Comme prévu la petite A. promet, comme tu le disais… Une geek comme toi, je n'ai pas de doutes ! Enfant choyée la surdose de cadeaux et de jouets est assurée, bah, nous aurions fait pareil.

Moi je me suis proposée depuis le début d'acheter les chaussures, au moins c'est utile et important, les pieds des enfants il faut en prendre soin.

Des jouets elle en aura assez, de tous les côtés !

Elle adore le chocolat, comme toi… Je ne manquais jamais d'en avoir, quand j'allais la récupérer à la crèche avec les parents, les grands parents…

Coquine et jolie comme un cœur elle fait ce qu'elle veut de son papy… Mais il a toujours aimé les enfants.

Au retour, tout est parfait…

Il y a 2 ans, j'eus la mauvaise surprise de trouver Pongo mort, écrasé le jour même par une voiture… Tu l'avais pris avec bien plus de philosophie que moi mais moi, depuis quelques années, je gère mal la mort… Je me rebelle contre elle, je ne l'accepte pas… Tu étais différent même avant d'être malade et bien entendu, c'est toi qui as raison, qui avais raison.

Nous sommes le jeudi de la Pentecôte, une belle journée s'annonce… Je reviendrai sur ces pages bientôt…

Lors de mon séjour, tu m'es apparu plusieurs fois en rêve, assis dans ton fauteuil, tu me regardais de tes grands yeux bleus avec bienveillance… J'en conclus donc que tu m'approuvais…

Le 27 mai 2017

… C'est compliqué… D'un côté, j'ai l'impression de mieux gérer ton absence et de l'autre, de nouvelles choses que je n'avais pas envisagées avant me perturbent.

Ne plus entendre ta voix, ton regard bleu que j'aimais tant, nos moments rien qu'à nous quand je m'occupais de toi.

J'ai trouvé, sur Facebook, un groupe où des médiums bénévoles se mettent en relation avec les disparus et transmettent les messages.

D'après eux, tu serais bien, soulagé et heureux.Je vais essayer ce soir de te poser une question et je la poserai tant que tu ne m'auras pas répondu.

Je sais bien que le temps n'est pas le même, là où tu es maintenant… Enfin si toutefois tu y es, tu sais bien ce que j'en pense.

Mais je me rends compte, maintenant, que c'est réconfortant de le penser.

C'est plus facile de te savoir « encore là » et ma théorie, qu'on meurt et que tout disparaît, est pour le moment trop cruelle pour moi, même si elle est de moi.

Cruelle, j'ai dû l'être souvent, je suis tant pétrie de certitudes.

Mais à ma décharge, tu n'étais pas tendre non plus, donc voilà…

Nos rapports musclés, c'était notre mode de fonctionnement… Il n'y a rien à en conclure, rien à en dire, à part que 42 ans de vie commune sont la preuve d'une entente, malgré tout, au-delà de tout.

Ce week-end de l'Ascension est magnifique, il fait beau et chaud.

Ben voilà, j'aurai fait mon petit tour sur tes pages ce soir.

On a toujours eu des choses à nous dire et la mort n'y changera rien.

Dimanche 28 mai, fête des mères

J'allais plutôt bien ce matin et là vient le moment où il faut que te dise quelque chose : mon attitude est bizarre ! Car je ne vois pas pourquoi ce blues, pendant certaines journées, car si tu étais encore là, certainement diminué, peut-être encore hospitalisé, la réalité serait pire pour toi, pour moi.

Inutile d'imaginer les beaux jours de notre jeunesse, quand nos parents vivaient, que nous étions avides de ces jours fériés, nous avons toujours travaillé.

Nous n'étions pas très famille, mais la fête des mères je tenais à la fêter avec ma mère, vu que nous fêtions aussi l'anniversaire de ta mère début mai…

Nous avons toujours sacrifié à ces traditions, je sais bien que tu le faisais pour moi… Car s'il n'avait été que de toi, nous n'allions jamais nulle part…

Ta télé et ensuite ton ordinateur te suffisaient amplement, pour tes loisirs… Et je répète, que la chance que tu as eue, c'est que jusqu'au bout, tu pouvais en profiter.

Le dernier lundi matin, c'était devant *TÉLÉMATIN*, et ensuite, un peu de musique, sur ton ordinateur, et la *8*, dans le salon.

C'est bien pour ça que la mort ne me semblait pas si proche…

Je ressasse toujours les mêmes choses, consciente pourtant que ce dernier AVC t'aurait privé de bien des choses, et qu'au final mourir à ce moment-là était une bonne nouvelle, tu es parti dans la dignité sans t'en rendre compte !

Il est urgent que tu me fasses un signe, que tu me confirmes que tu vas bien, que ton passage sur terre t'a laissé un bon souvenir… Ce serait bien pour moi, de le savoir…

Mercredi 31 mai

J'ai pris la décision de ne plus rattacher chaque jour de la semaine, à « ce que nous faisions ce jour-là »... C'est inutile et ça ne m'aide pas.

Disons que de toute façon c'était fini, ce dernier AVC t'aurait encore enlevé de l'autonomie et, qui sait, si tu avais survécu, où tu en serais aujourd'hui.

Hier soir, j'ai regardé le reportage sur la mort de Lady Di le 31 août 1997... Plein de souvenirs pour nous.

J'étais partie en Turquie le lendemain et les obsèques de la princesse étaient diffusées sur toutes les télés des rues d'Izmir... La chanson d'Elton John sera à toujours symbole de cette journée magnifique où l'émotion était palpable...

J'avais décidé de faire un break dans notre couple et je vivais dans un meublé près du magasin de fripes dont j'avais pris la gérance... Ma foi, contre toute attente, une bien belle période, nous nous voyions de temps en temps en semaine pour déjeuner et je venais souvent le dimanche faire ma lessive et la tienne.

Nous avons beaucoup discuté et notre couple était reparti, en mars 1998 (encore ce mois de mars), tu avais tenu tes promesses et je dois dire que les 20 ans suivants ont été différents pour nous deux.

J'avais réussi à obtenir de toi que je ferai au moins un ou deux petits voyages par an, avec qui je voudrais, puisque toi, j'ai rarement réussi à te faire bouger... En fait, nous avons tout de même fait ensemble quelques voyages jusqu'en 2006 et moi, jusqu'en 2014 où la dialyse était incontournable, je partais en moyenne deux semaines par an !

Plus aucune aigreur dans tout ça, aucune tristesse... Le

1993 : RAMBO

Après le décès de MARKO, le hasard a mis sur notre route RAMBO, un caniche nain auquel j'ai eu du mal à me faire (je voulais un autre boxer) et il l'avait senti !

Du coup, tu étais son grand amour…

En vacances, cette année-là, je voulais le garder près de moi pour une photo…

Dès que tu t'es éloigné, il a hurlé à la mort et a bondi vers toi m'arrachant la laisse des mains courant à fond de train pour se jeter dans tes bras.

Papa, papa, papa ☺ ☺ ☺

C'était en Bretagne, ta région de France préférée.

sentiment que j'ai eu raison, que je franchissais des étapes, que je pouvais m'en sortir seule et surtout, que j'avais envie de vivre autre chose que la vie que tu me proposais… Tu voulais que je sois la femme d'un autre âge, d'une période révolue, comme ta mère, la mienne, toutes ces femmes de la génération précédente, sous la coupe de leur mari… Tu oubliais que je travaillais à plein-temps et que même si tu faisais souvent le ménage le samedi, tu ne faisais rien d'autre, ni courses, ni cuisine, ni lessive et que tu étais comme un gamin, toujours dans la demande !

Encore une journée magnifique qui s'annonce… À bientôt mon ourson.

Samedi 3 juin

J'ai évoqué hier avec une cliente la surprise que m'a causée ta mort… Sa maman à elle, d'un bel âge, vient de décéder d'un infarctus en se faisant son dîner et rien ne le laissait prévoir ! Elle a été étonnée que je parle de ta part de mort surprenante, et pourtant !

Je me rends compte maintenant combien nous étions insouciants, inconscients, dans notre bulle, savourant un quotidien au ronron trompeusement rassurant !

En plus la mort tu n'en parlais jamais… Ici, tu n'es pas resté alité une seule journée. Tous les matins on te levait, avec le lève malade depuis juin 2016 et l'aide des infirmiers. On déjeunait ensemble et la journée commençait à ton rythme : un petit tour dans le bureau et ensuite devant ta télé du salon !

Et trois après-midi par semaine tu partais en dialyse, et parfois, pour d'autres soins : ophtalmo, dentiste, et différentes radios et scanners… Ah oui, en fin de matinée parfois, le kiné et l'orthophoniste…

Tu ne te plaignais pas… Et pour moi, tu n'avais pas beaucoup changé (ni physiquement, ni dans ton caractère) : toujours dans la demande, c'est vrai que je te consacrais de plus en plus de temps… Sans même m'en rendre compte !

Aujourd'hui, je mesure que ma vie tournait depuis 3 ans, autour de toi.

Avant, bien sûr, j'étais très aux petits soins, mais je travaillais à l'extérieur, tu te déplaçais encore, ce n'était pas pareil.

Mais depuis janvier 2014, ma retraite, ta dialyse et surtout ta fracture du col du fémur, ont tout fait basculer.

Certes insidieusement, donc nous ne nous en rendions pas compte.

Mon entourage me le disait ou me le laissait entendre, mais de toute façon notre décision était de nous débrouiller aussi longtemps que possible, sans aide !

Un beau week-end qui s'annonce je reviendrai bientôt vers toi !

Dimanche le 4 juin

Ce qui est amusant, c'est que je n'ai jamais aimé le dimanche… Ce n'est que depuis ta dialyse (les mardi, jeudi, et samedi) que nous l'apprécions vraiment, tu disais le dimanche et le lundi « je ne travaille pas »… C'est comme si je sentais que c'est un jour comme celui-là, à l'apparence tranquille, dans l'odeur du café et du pain frais, que tu partirais…

Le dernier vendredi me trotte dans la tête… ce : « ***Je vais mourir*** », ce : « ***Si je m'en sors, j'aurai bien mérité un chien*** », ton dernier clin d'œil quand tu as évoqué mon intervention auprès du loueur de la télé, l'avant-veille, quand j'avais vu que ta télé ne fonctionnait pas bien… J'étais allé trouver la jeune femme, au demeurant adorable, pour lui signaler la défection et tu m'as dit que peu de temps ensuite, ils étaient venus régler l'image ! Tu avais évoqué mon efficacité en me charriant, faisant allusion à ma personnalité… Pas toujours facile à vivre, je l'admets, mais j'aurais tout fait pour toi et cette évocation, je me rends compte que c'était un message pour moi… Un merci… Un je te comprends…

Mes larmes coulent aujourd'hui, sur nous, sur notre histoire, sur le fait qu'elle aurait pu continuer, tout en sachant bien que c'est faux.

Nous avons eu beaucoup de chance, malgré tout, et aujourd'hui il faut que je sois forte pour continuer.

Pourquoi la mémoire met-elle en avant les choses les plus touchantes, les plus susceptibles de faire couler mes larmes ? Pourquoi me fait-elle oublier ma santé défaillante, mes sciatiques à répétition, mes douleurs dans tous les membres, qui rendaient si pénibles les soins que je devais te donner ? Combien de fois j'ai pété un plomb quand je ne savais plus comment m'en sortir avec tes mycoses, tes escarres et que tu te grattais au sang, la nuit ??? Pourquoi je ne vois que tes yeux bleus, candides, qui me regardaient, ne comprenant pas toujours mes colères ? Est-ce pour me torturer ? Est-ce ta vengeance depuis l'au-delà ? Serait-ce là le signe des reproches ?

J'espère bien que non… Et c'est pour ça que ta remarque à propos de l'efficacité pour la télé de l'hôpital me fait du bien… Tu admirais mon implication efficace… Tu savais bien que je serais allée jusqu'au bout de mes forces…

Mercredi 7 juin

Deux jours, même trois, une météo pourrie, il fait froid, venteux et il pleut de temps en temps ! Ils annoncent pour cette année un été très chaud, ben pour le moment, ce n'est pas le cas.

J'ai pensé à toi, les infos parlent du départ de Leymergie de la *2*, notre sacro saint *TÉLÉMATIN* ne va plus jamais être pareil, ils n'ont pas encore donné le nom de son remplaçant.

William Leymergie « migre » vers la *8*, ou d'ailleurs d'autres changements sont annoncés, c'était une chaîne que tu aimais aussi.

J'ai eu recours à deux médiums depuis que tu m'as quittée, qui toutes les deux te sentent près de moi, mais incapable de me donner des signes, parce que je pleure de trop, je suis trop triste… Soit…

Parfois je te vois en rêve… L'autre nuit, je t'avais acheté des oranges, probablement le fruit que tu préférais, même si tu aimais tous les fruits, à part les cerises et les framboises, à cause des vers !

C'est vrai que dans notre jeunesse ces fruits moins traités regorgeaient d'asticots et, avant toute consommation sous quelque forme que ce soit, ma mère les plongeait dans une bassine d'eau froide et quand tous les vers étaient remontés (avec le recul, j'espère que c'était bien « tous ») elle les cuisait ou on les consommait tels quels… Je suppose que ta mère faisait pareil !

J'avoue qu'il m'arrive de manger ces fruits sans trop vérifier s'ils sont habités !

Mais toi, du moins à ma connaissance, tu n'en as jamais mangé !

Mercredi 14 juin

... Bien entendu pendant tout ce temps je ne t'ai pas oublié... Mais une modification dans mon état d'esprit, assez importante pour que je la consigne, est intervenue.

Par le biais de FACEBOOK (ton ennemi juré), j'ai été contactée par une médium, avec qui je me suis longuement entretenue.

Je lui ai dit mon désarroi devant ton départ même si, bien entendu, on ne peut pas parler d'étonnement... Devant ma tristesse, elle m'a donné un « truc »: t'écrire une lettre, en vidant mon cœur et de la brûler ensuite dans le jardin. J'ai immédiatement aimé cette idée... Et je me suis exécutée... Dans cette lettre, bien des choses très intimes, notre langage à nous que je n'ose même pas écrire ici, mais de savoir que le feu va purifier tout ça me donne le courage de le faire.

J'écris encore et que je n'ai encore brûlé... nous avons décidé de le faire ensemble avec C., une petite cérémonie, qui nous fera du bien...

Je vais bien mieux même si les larmes coulent toutes seules parfois...

Une chanson, de nos jeunes années, un souvenir, comme ce fameux 26 janvier (juste 2 mois avant ta mort) ou le médecin et l'assistant social m'ont dit à mots couverts que ton état allait empirer et qu'il faut songer à un placement dans une maison spécialisée...

Car toute aggravation rendrait impossible ton maintien au domicile.

Aggravation? J'étais tombée des nues, très troublée par ce que je sentais au fond de moi, être la fin de ta vie, de nous, de nos années ensemble...

Cette main glacée, dont je parle parfois, s'est refermée sur mon cœur, mes tripes. Ma santé a décliné et des sciatiques à répétition me faisaient ramper dans le couloir, la douleur m'empêchait de me redresser... Mi mars, j'avais demandé qu'on te garde le week-end qui suivait ton hospitalisation pour ta pneumonie et j'allais à peine mieux quand tu es rentré.

Tous ces signes, qui signifiaient que nous allions vers la fin et, bien entendu, avec le recul, il était clair que tu étais à bout de forces, que ton corps criait grâce, même si toi tu n'avais pas baissé les bras... « ***Et si je m'en sors, j'aurai bien mérité un chien*** »...

Samedi 17 juin

Ce matin, courses avec G. et je déjeunerai avec elle et M.... Mon emploi du temps est super-chargé, depuis que tu es parti et je ne peux que souligner l'omniprésence de mes amis, leur soutien, leur envie de m'entourer, de me voir reprendre le dessus... Ça me touche beaucoup.

Es-tu à la base de cela? J'ai aussi beaucoup de travail, mon carnet ne désemplit pas... Est-ce là ta façon de me faire signe??? J'irai peut-être voir ce médium à Paris... J'attends juste le déclic, peut être ton assentiment?

À bientôt sur ces pages, mon ourson.

... Non je n'ai pas écrit tout ce que je voulais... Je voulais parler de ce 26 janvier car j'ai fait pour la première et la dernière fois avec toi le chemin en ambulance pour te rendre en dialyse... Ce chemin-là tu le faisais depuis 3 ans et tu le feras deux mois encore avant de me quitter.

C'est dans une ambiance assez détendue que nous avons fait ce trajet, toi allongé sur ton brancard, moi assise à côté de toi. Ce n'est qu'une fois arrivés tous les deux au service, qu'on m'assènera le coup de massue, la prise de conscience de ton état, le projet de te placer, la liste des établissements susceptibles de t'accueillir et le discours embarrassé du médecin car je ne comprenais pas où elle voulait en venir !

Nous avions passé de bons moments, récemment, avec des amis… Tu étais en pleine forme… Avec le recul c'était sûrement ton chant du cygne…

Le dernier repas, le 29 janvier, un couscous partagé avec des amis chers et proches, s'est mal passé, tu as fait une fausse route, et j'ai dû te coucher… Mais le soir tu étais à nouveau remis, je t'avais gardé ta salade de fruits et l'inquiétude ne s'était pas encore emparée de moi…

Je parle souvent de cette main glacée qui serrait mes entrailles, mon subconscient voulait m'alerter…

Voilà, je voulais consigner ce chemin en ambulance avec toi… Ça faisait 3 ans que nous n'étions plus dans le même véhicule, que nous ne quittions plus la maison ensemble… Grâce à la gentillesse des ambulanciers, ça a été possible… Merci à eux… Merci pour ce moment… À partir de là, beaucoup de « dernières fois » dont je me souviens maintenant, en pleurant…

Mardi 20 juin

Hier soir j'ai été voir « *Les vieilles canailles* », tu m'avais offert le billet pour Noël.

J'étais fan sans plus de Johnny alors que toi tu l'avais vu deux fois sur scène, dans ses jeunes années (et les tiennes !) et tu avais chaque fois été bluffé… Tu tenais à ce que j'y aille et je suis contente de l'avoir fait ! Depuis fin novembre où j'avais pris le billet, c'est M. G. qui s'en était occupée sur le net, l'état de santé de Johnny s'était dégradé : un cancer et le traitement n'avait pas agi…

Des rumeurs couraient sur une éventuelle annulation, mais au final, le spectacle a eu lieu ! Plus rien à voir avec le Johnny qui brûlait les branches mais tout de même, quel charisme !

C'est un personnage fascinant, malgré la maladie il a fourni une prestation de qualité ! Je suis contente de les avoir vus tous les trois, car je ne pense pas que l'an prochain ils feront encore cette tournée… Des hommes qui vieillissent, qui tombent malade et qui nous quittent… La dure loi de la vie…

Lundi 26 juin

3 mois que tu m'as quittée et les choses évoluent dans ce que je suppose être le bon sens…

L'autre nuit un événement troublant… Je n'allume jamais la télé après 22 heures et surtout je ne zappe jamais… Mais là, j'ai fait les deux choses… Et je suis tombée sur un feuilleton de *Cold case*… Celui où un jeune déséquilibré, fan de John Lennon, était injustement accusé d'un crime.

Tu adorais la chanson "Wheels" et quand elle a retenti, j'ai fondu en larmes… C'était trop fort, trop fou… Moi qui ai du mal avec la vie après la mort (on en a souvent parlé), il y a parfois des choses bluffantes qui se passent, tout de même.

Hier super-journée entre amis, une vraie belle journée… Merci la vie.

30 juin 2017

… Dernier *TÉLÉMATIN* avec William

J'ose dire que ce matin je suis contente que tu ne sois plus là… Tu te rends compte que depuis le début, nous regardions cette émission du matin ensemble ??? Bien sûr, pour beaucoup de raisons il y a eu des interruptions, mais ces dernières années, c'était un de tes bonheurs du jour : ton café, ton pain de mie beurré, et *TÉLÉMATIN*… Même quand tu étais hospitalisé… Encore une page qui se tourne… Qu'est ce qui changera encore ? Je sais bien que la vie continue et je m'y emploie…

Mais je suis si triste.

Dimanche 2 juillet

… Un temps automnal, qui va bien avec mon moral… Si j'osais, je dirais que je régresse, j'ai l'impression que la tristesse m'envahit de plus en plus souvent… Il faut dire que rien n'avance, la *BANQUE POSTALE* a perdu mon dossier, et au bout de presque 3 mois, ta succession est au point mort (sans jeu de mots) et il a fallu tout refaire… Heureusement que je me montrais prévoyante ces dernières années, tu te moquais de moi, tu m'appelais « Charles », le prénom de mon père, bien connu pour sa… Prudence, pour ne pas dire plus !

Et le temps, aussi, frais et venteux, après une semaine à plus de 30 degrés tous les jours, nous avons perdu 15 degrés au moins…

Bref, une petite semaine pour moi, malgré quelques bons moments, mais franchement, ce n'était pas LA période qui allait me rendre le sourire.

1994 : ANOREXIE

Nous sommes allés plusieurs fois à la Côte d'Azur, nous avons des amis à Nice... Cette année-là nous avions loué à Cannes pour les vacances. Un soir, nos amis nous ont emmenés dans un restaurant « à volonté », quelque part entre les deux villes, au bord de la mer...

Une excellente soirée qui est restée dans les annales, car après être retournée plusieurs fois au buffet, apporté plusieurs cargaisons de viandes au grill tenu par un grand noir éberlué, j'ai finalement vidé le buffet des desserts... J'ai fait passer ça avec un (ou deux ?) pichet(s) de rosé.

... Mes amis se sont tournés vers GG, qui a dit froidement : « *Oui, de temps en temps elle me fait une petite crise d'anorexie* ».

J'avais un bel appétit en ce temps-là.

En plus, aujourd'hui, les « *Ricanants* », (nous appelions comme ça les animateurs de *Absolument Star*) font une émission spéciale Céline Dion… « *Sous le vent* », que tu m'avais fait connaître, tu me l'avais enregistré dès la sortie, tu savais que j'aimerais… Et la dernière chanson, pour son René… Hé oui…

Allez courage ! Du monde à déjeuner, donc le repas à faire et la table à mettre ! Haut les cœurs !

Dimanche 9 juillet

… Encore un méfait des « *Ricanants* », la troupe « *Goldmann qui chante Famille* », le titre que Céline a chanté avec moi près de ton cercueil.

À part ça, des journées plus calmes, quelques douleurs dans les jambes qui reviennent et un temps lourd et chaud, sauf aujourd'hui, dimanche, où je suis invitée avec C. chez le PÉPÉ…

Quelques signes de toi, ou que je prends pour tels, selon les croyances et pour ma part selon mon moral…

La succession piétine toujours, je ne sais plus comment m'y prendre… Pour le moment je patiente, ma situation est encore gérable…

Samedi 15 juillet

Je suis allée au mariage de M., le « Scorpate », et j'ai rencontré des gens qui te connaissaient, ce qui est encore une épreuve… J'ai appris que tu mangeais des bonbons au travail… Je suis restée perplexe… Du chocolat, des gâteaux, du massepain (mais ça fait quelques années que tu n'en mangeais plus), oui, mais alors des bonbons !!! Ici tu n'en n'a jamais réclamé, à part des chewing-gum, tu n'avais plus cette habitude alimentaire… Je me suis demandée si la personne qui m'a dit ça ne s'est pas trompée mais je ne crois pas… Il est bien possible que dans le stress engendré par ton travail, le bonbon ait été un « calmant »… Mais quel désastre, pour ton diabète !

Je suis rentrée tôt épuisée, d'une part par la chaleur, d'autre part par l'émotion… Tous ces témoins de notre vie, de notre passé à gérer seule, sans avoir le soutien de ta complicité en rentrant.

C'est vrai, depuis longtemps, j'allais seule aux invitations, mais en rentrant nous partagions les anecdotes du jour et tes commentaires empreints d'humour, de cynisme et de justesse de vue, complétaient mes sorties…

Samedi 22 juillet

C'est l'anniversaire de N., ton idole, la maman de tous les animaux… Elle vit maintenant avec son homme dans les Vosges, en pleine nature… Leur chienne a eu des petits, elle s'occupe de tous ces animaux sachant que les chiens sont au nombre de 3, plus ses 3 chats… Et les chiots dont je ne sais plus le nombre, 6 ou 5 ??? ! Elle se dit heureuse mais elle est si fragile, parfois elle me fait une peur… Il y a tant de travail dans cette maison en perpétuel chantier, sachant qu'ils ont tous les deux des emplois en plus de cette réfection…

Si c'est dans tes capacités, jette parfois un œil sur ces gens amoureux des animaux et protège-les…

Ce soir je vais à une soirée « année 70/80 » dans un resto qui déjà fait de la bonne cuisine… Ce sera déjà ça ! Tu n'aurais pas aimé que j'y aille, tu avais peur à chaque sortie… Ça fait très longtemps que je bois raisonnablement, c'est-à-dire une coupe au maximum deux quand je sors (et même autrement) mais tu ne me fais pas confiance… Et aux autres non plus, d'ailleurs !

Mercredi 26 juillet

Voilà 4 mois que tu m'as quittée, que tu m'as laissée seule… Dans les faits, c'est ça… En réalité, je savoure ma liberté d'action, mon esprit est soulagé, j'avais si peur pour toi, pour nous, pour l'avenir. Simplement je suis triste ! Je n'arrivais plus à me projeter, je sentais bien qu'un jour quelque chose de grave allait arriver mais nous n'en parlions pas… Nous étions dans la pudeur et finalement nous avons bien fait… jamais de pathos, d'apitoiement, nous sommes restés nous-mêmes, jusqu'au bout… Dans l'humour, la dérision, les projets… C'était depuis toujours notre manière de fonctionner.

Mercredi 2 août

Tu avais un frère que tu n'as pas connu, puisqu'il est mort avant ta naissance… Il était né le 2 août 1943… Il s'appelait Guy, il est mort de la diphtérie en 1946.

Et en 1947, le 2 avril ça a été le grand drame dans la vie de ta mère, je l'ai déjà évoqué !

…Alors peut-être l'as tu rejoint… Mes propos te surprendraient, je te disais souvent qu'il n'y a rien, après la mort, et en ce moment, ça m'arrange de penser le contraire.

Aujourd'hui, dans le silence de l'appartement, j'entends le chant des oiseaux, le rare passage des voitures dans la rue, quelques échanges de conversation entre voisins, la vie quoi... Il y a un an, tu entendais encore tout ça... Nous dormions encore de temps en temps dans le même lit, je ne te laissais que lorsque nous nous dérangions : toi avec la télé, moi avec mes jeux... Mais la main glacée au fond de mes tripes n'était pas encore là... Je te sentais encore réactif, la vie s'écoulait, rassurante... Certes, nous avions déjà les aides pour te lever mais l'espoir était encore en nous...

2016 aura été ta dernière année « de vie », tu as décliné après tes 65 ans, le 13 décembre... Là, tous mes sens me disaient que j'allais te perdre, perdre mon compagnon depuis 42 ans, mon complice des bons et des moins bons moments... Mon ourson...

Samedi 12 Août

J'ai parlé du décès de ton père, aujourd'hui c'est l'anniversaire de son inhumation à Épinal... Et cette anecdote, ta mère assise sur une tombe, en plein cagnard, après l'enterrement, pour ne pas payer un verre aux personnes présentes ! Et pourtant, nous n'étions pas nombreux... Toujours épouvantée par le prix des choses, toujours dans la peur de manquer... Frileuse dans la vie, elle ne t'aura pas poussé aux actes héroïques ! Il fallait toujours rester dans le rang, ne pas rire trop fort, parler trop fort, montrer trop d'enthousiasme... Une petite vie sans fioritures, son seul plaisir c'étaient les fleurs, le jardin, quelques amis proches qui venaient les voir... Nous étions alors souvent invités aussi et elle faisait mon admiration en concoctant des mets savoureux avec des produits simples et de qualité... Une très bonne cuisinière et, malgré tout, une femme que j'ai beaucoup appréciée...

Mardi 15 Août

Aujourd'hui, A.-M. et S. viennent déjeuner… S. est musicien et A.-M. chante merveilleusement bien… Ils ont un orchestre et pour les deux fêtes que j'ai organisées, une pour mes 60 ans et ma retraite, et l'autre, pour nos 40 ans de mariage, c'est eux qui avaient fait l'animation…

Un couple sympathique que tu aimais bien.

A.-M. est standardiste, dans l'entreprise où tu as travaillé, c'est comme ça que tu l'as connue… Une des femmes que tu appréciais, il n'y en a pas tant !

Le temps est mitigé, il ne devrait pas pleuvoir, je projette donc de manger dehors, il faut profiter de ces moments-là… L'été est bizarre, quelques jours de canicule et puis des journées pluvieuses et des nuits fraîches…

Mercredi 16 août

… La rumeur gronde et enfle, notre voisine C. va déménager…

Pour des raisons personnelles mais depuis le début, je ne la sentais pas vraiment à l'aise,. dans l'appartement du haut et moi, je n'étais jamais à l'aise non plus, déjà du temps de l'ancienne propriétaire… Pour l'anecdote, dans le grenier, une toile représentant une femme en costume régional, très belle mais au regard triste, m'avait impressionnée lors de ma première visite, il m'avait semblé qu'elle me suivait du regard… Elle habitait, longtemps dans cet appartement… Et elle y serait morte.

Pour C., le 19, cela fera un an que son compagnon est décédé, elle est souvent triste et se sent seule… Je sais que tu l'aimais bien, mais nous avons décidé de ne pas couper le lien... Tous les deux mois, j'aurai recours à son talent de réflexologue ! Et ma porte lui sera toujours ouverte...

Le 19 août...

L'anniversaire de F. que tu aimais beaucoup... Tu ne l'as plus revu, après l'épisode de l'ampoule qu'il a changée dans la salle de bain... Tu l'attendais pour la fête de Halloween, mais il n'est pas venu... Tu n'as rien dit mais je sais bien que tu as eu de la peine.

C'est aussi, comme je l'ai évoqué plus haut, le premier anniversaire de la mort du compagnon de C...

Le 20 août

L'anniversaire de ton grand ami F.... Certainement, malgré l'impossibilité de par votre âge (6 ans de différence), le père que tu aurais aimé avoir... La sagesse, la gentillesse, et de multiples talents...

Le 26 août

5 mois que tu m'as quittée... Ces derniers jours, j'ai réalisé que je ne me souvenais plus du bruit de la clé dans la serrure, quand tu rentrais... C'est la 8e année ici et ce n'est qu'au tout début que tu partais seul voir les médecins... Peu à peu, nous allions partout ensemble donc nous rentrions, ensemble... C'est étrange mais j'ai de plus en plus de mal à t'imaginer sur tes jambes, marchant sans aide... Bien entendu, après ta fracture du col du fémur en janvier 2014, ce n'est plus jamais arrivé.

Le 28 août

J'ai appris que C., finalement, ne partait pas trop loin, grâce à une opportunité inratable, elle a repris le logement de Ph. (son compagnon décédé) ! Chic, nous restons quasi voisines puisque nous pouvons aller de l'une chez l'autre à pieds... Une bonne nouvelle...

Samedi 2 septembre

C. déménage et je lui ai proposé de l'aider pour la collation de l'équipe ! Une salade de pomme de terre, des boissons, elle a pour sa part fourni les saucisses et également des boissons... La météo nous avait effrayés mais à part une bonne averse le matin, nous avons pu déjeuner dans le jardin et le soleil nous a accompagnés, jusqu'au soir...

Un bon moment en fin de compte surtout que, comme je l'ai appris récemment, elle reste tout près...

Lundi 4 septembre

La rentrée ! Tout est à nouveau sur les rails, c'est bien entendu la première rentrée, sans toi. Je vais bien mieux, mon quotidien prend tournure mais le gros chagrin de ton absence est omniprésent... Je pense qu'il le restera longtemps, notre couple est passé par tant de phases et la dernière, celle du soin quotidien est sûrement celle qui m'a le plus impliquée... Et qui laissera le plus de traces ! Je me suis tant posé de questions, ma formation médicale est inexistante et, parfois, j'étais confrontée à des situations où il fallait trancher vite, un peu au hasard... Tu comprenais mon stress, mais tu me disais aussi que de toute façon, le maintien à domicile, ma (quasi) seule intervention pour les soins, c'était ce qu'il y avait de mieux… Tu avais raison… Tous les matins, au plus tard à 8h15, nous étions attablés ensemble au petit-déjeuner.

Peu à peu, mes remords (Ai-je tout bien fait ? J'ai si souvent manqué de patience) laissent place à la sérénité, tu étais levé tous les jours, tu étais dans la vie que tu aimais, il y a tant de gens qui n'ont pas cette chance, qui sont alités des mois, parfois des années… Il faut que je n'oublie jamais ça…

Dimanche 10 septembre

Un beau dimanche s'annonce, il y a du soleil… Bien entendu, l'automne est déjà partout, les premières feuilles jaunissent et le vent en fait déjà tourbillonner. Elles sont de plus en plus colorées.

Le dimanche restera à tout jamais un jour difficile pour moi… Le jour de ton décès… Je ne peux pas dire que « tu m'as quittée », comme certaines personnes le disent, car tu es juste parti, emporté par une hémorragie cérébrale… Je suppose que tu n'as pas eu peur, de l'avis des médecins tu as glissé du coma, vers la mort. Nous n'en parlions pas, de la mort, mais je ne sentais pas de stress chez toi pour évoquer la mort en général et la tienne en particulier…

Je ne me sens pas seule, je savoure ma liberté, je n'ai pas peur de l'avenir… Je suis juste triste.

Dimanche 17 septembre

Les semaines filent, à une de ces vitesses… Je ne les vois pas passer ! Vendredi, un déjeuner en ville avec M. E, un bon moment, mais le temps capricieux a ajourné notre projet de shopping.

Je rentre avec plaisir, je n'ai pas peur, je gère un quotidien qui me plaît.

Au fond de moi, le chagrin, celui de ne plus rien partager avec toi.

Les derniers mois de ta vie me laissent un goût amer, j'ai si peur de ne pas avoir été à la hauteur… Mes sciatiques me bloquaient, je tenais à peine debout et les soins que je t'apportais devenaient par là même de plus en plus pénibles.

J'ai été injuste avec toi, je m'emportais et je te demande pardon, une fois de plus, pour mes sautes d'humeur.

D'autre part, on en parlait et je sais bien que tu comprenais.

S'il y a une chose que je voudrais savoir, c'est si là où tu es, tu es mieux…

Je voudrais tant rentrer en contact avec toi, je pense que ça me ferait du bien.

Mardi 26 septembre

Pas grand-chose de neuf, ma vie sans toi se déroule comme un long ruban, dont je découvre une boucle chaque jour… Un long ruban, soit gris, soit rose, mais au final, une certaine qualité de vie que je savoure… J'admets que ma vie est devenue facile, je vis comme j'aime… À part de temps en temps, la tristesse.

Cela fait 6 mois aujourd'hui que tu es parti, et un évènement étrange est survenu.

2005 : SURPRISE!

Le 13 décembre 2004, nous fêtions nos 30 ans de mariage... Tu connaissais mon rêve et un soir, en rentrant du travail, tu avais posé sur mon bureau une réservation pour un séjour de 5 jours à NEW YORK, le printemps suivant.

... Ça a été un superbe voyage pendant lequel tu as eu très froid cette année-là en mars, il neigeait dru sur la ville... Il y a même eu une tempête de neige... Tu étais très fatigué, mais je sais que tu as apprécié autant que moi...

Une fois de plus merci, pour ce moment magique, dont je me souviendrai jusqu'à la fin de mes jours autant pour le voyage, que pour ton effort, car ce n'était pas facile pour toi !

Quelque temps après ta mort, j'ai publié sur Facebook la chanson de Gérard Palaprat, « *Fais moi un signe* », qui convenait bien à mon état d'esprit du moment.

Eh ben Gérard Palaprat est décédé aujourd'hui, pile 6 mois, après ta mort…

M'aurais-tu fait un signe ? Dois-je le prendre comme çà ??? Je demande d'ores et déjà pardon aux scientifiques qui me lisent… Mais les autres me comprendront !

… Et j'ai une pensée à la famille du chanteur, son heure était certainement venue, n'en voulez pas à mon Gérard à moi !

WEEK-END 30 septembre, 1er octobre

A.-M. a organisé pour son anniversaire du 23 (rien de libre à cette date) un week-end dans les Vosges du Nord… C'était sympathique et ça m'a changé les idées… Bien entendu, des images de toi sont venues me « hanter » mais j'ai su les maîtriser. Le dimanche matin, le 1er octobre, la chanson de Cabrel, *« OCTOBRE »*, une de nos préférées, tournait dans ma tête, toute la journée.

Il est ambigu, ce mois d'Octobre… D'un côté la beauté de la nature te ravissait en face de ta place à table, les arbres de la propriété voisine étaient un enchantement tous les ans… Tous les tons de jaune, de rouge, de fauve !

D'un autre côté, quand tu es revenu de ta rééducation en octobre 2015, j'avais bien compris que le rapport des médecins était mensonger.

Je suppose qu'ils avaient fait le tour de ton « cas » et pour se dédouaner, ils ont signifié dans ton rapport médical, que tu assurais tous les gestes du quotidien.

Quel mensonge… Tu ne te levais pas sans aide, tu ne t'habillais plus seul et pour la toilette, on faisait comme on pouvait, avec la chaise roulante, devant le lavabo.

Les séances au W.-C. étaient ubuesques, le temps que tu ailles aux toilettes dans ta chaise, que je t'aide à t'installer… Bref, j'en passe et des meilleures !

Pour ce qui est du matériel médical, ils n'ont pas lésiné ! Une chaise de douche qui ne servira à rien, un rehausse W.-C. bientôt superflu, plusieurs engins « d'aide à la marche », des urinals, des bassins… La liste est longue !!!

Et pour les plus utiles : un relève malade, avec sa sangle… Et à la fin, le lit médicalisé pour les 6 dernières semaines.

Heureusement nous étions inconscients, ou disons peu conscients de ton état réel ; tu avais par contre, et ça, c'est la bonne nouvelle, toute ta tête… Jusqu'au dernier jour ici, nous avons échangé, fait des projets, plaisanté… Tu n'es jamais resté au lit une journée entière ici… C'est la raison pour laquelle nous étions dans notre bulle, nous coulions des jours paisibles, sans nous poser de questions… Avec le recul : c'était bien ainsi !!!

Et en octobre 2016, tu as eu ton hémorragie, tu baignais dans ton sang…

Le circuit normal : ambulance, hôpital, attente des résultats : un polype au colon, qu'ils ont prévu d'enlever.

Jusqu'à l'opération, le 14 décembre, tu ne saigneras plus, et tout se passera bien.

Dimanche 15 Octobre

Mon silence a été long, entre deux retours à ces pages, mais bien entendu dans ma tête, tu es omniprésent.

J'ai ainsi réalisé, qu'en mars 1997, tu m'avais dit que tu étais malade.

Nous avions décidé de faire un break, je t'ai quitté plusieurs mois, de juin 1997 à mars 1998 mais en fait, nous nous voyions une fois pas semaine, souvent le dimanche, je venais faire mon linge et le tien, et nous mangions dehors… Parfois un ciné…

Ta déclaration, sur ton état de santé, je l'avais pris pour du chantage, pour que je ne parte pas… Mais avec le recul, il aurait peut-être encore été temps, à ce moment-là de prendre ta santé en mains, le diabète aurait pu être soigné et toutes les conséquences évitées, ou du moins, encadrées.

À la place de ça, tu as continué à te nourrir n'importe comment, à négliger ta santé et tu passais de longues heures au travail… Tu as toujours focalisé sur le cœur et, plusieurs fois, tu as fait faire des électrocardiogrammes, qui étaient tous « normaux »…

J'ai toujours fait une cuisine équilibrée mais, bien entendu, ça ne suffisait pas, j'aurais dû procéder autrement, si j'avais su !

Quand finalement, le 11 septembre 2001 tu t'es écroulé en te levant (comme les tours jumelles à New York) tu es allé chez le médecin dès que tu as pu marcher à nouveau dans la matinée… Ton sort était scellé, tu ne travailleras plus… Même si de bons moments nous étaient encore réservés, le diabète a continué son œuvre.

J'ai changé beaucoup de choses dans ma façon de cuisiner,

mais tu n'étais pas raisonnable ! Tu continuais à piquer chocolat et gâteaux, malgré les alertes et les mises en garde.

Voilà, si tu avais réagi il y a 20 ans, tu serais peut-être encore là ! Tu n'as pas fait d'efforts physiques, ta vie sédentaire a été néfaste aussi…

Mais je sais bien, peu importent les regrets et les remords, tu as fait tes choix et tu étais assez intelligent pour en mesurer les conséquences…

Il fait un temps magnifique, ces derniers jours, tu aurais adoré la vue de ta place, dans la cuisine…

Petite satisfaction : mourir à 65 ans n'est pas considéré comme une mort prématurée… Pour les «statistiques», tu es dans les clous !!!

Dimanche 22 octobre

Ce « break » de 1997 aura été le dernier, notre vie de couple n'a plus subi de remise en question… D'abord, parce que la maladie t'a affectivement frappé en 2001 et ensuite, parce que nous avions trouvé un rythme de croisière… Je sortais plus, tu ne me faisais plus de scènes quand je rentrais, et moi je tenais mon rôle, petits plats, lessive, courses, paperasseries, bref, ça nous convenait à tous les deux.

Bien entendu, tu étais sédentaire et un peu ours mais je recevais tout de même souvent et tu faisais contre mauvaise fortune bon cœur… Certains amis trouvaient plus grâce à tes yeux que d'autres et tu savais aussi te montrer charmant !

Je faisais depuis 1997, deux petits voyages par an avec mon amie G., mais vu ton état de santé, en 2013, ce sera le dernier… J'espère bien reprendre cette habitude, mais pour ça aussi il me faudra un an. Du recul et l'envie de bouger à nouveau !

Lundi 23 octobre

Tu me manques… Bien entendu, je ne parle pas des dernières semaines, pénibles pour tous les deux, moi je ne pouvais pratiquement plus marcher et nous sentions bien tous les deux, que tu faiblissais… Nous n'en parlions jamais…

Non, je parle des années où, même malade, tu m'apportais ta culture, ton humour, ton regard si particulier sur les autres… Oui, tout ça me manque et si contre vents et marées, nous sommes restés ensemble, c'est cette conscience aiguë que nous nous correspondions, qui nous a fait tenir…

Un couple, c'est compliqué nous le savons tous et finalement, l'attachement ne s'explique pas, il s'installe, à notre corps défendant.

Mardi 31 octobre

Ce mois d'octobre aura passé sans que je n'écoute la chanson de Cabrel… Je ne peux pas… Les chansons, tous les matins, nous les choisissions ensemble, du temps où j'allais travailler, j'avais la priorité !!! Tu écoutais patiemment en boucle mes coups de cœur, je suppose que dès la porte refermée sur moi, tu savourais tes choix.

Depuis ma retraite, nous écoutions souvent nos préférences partagées…

Ah ces matins en chansons… Leur souvenir me fait monter les larmes aux yeux…

Jeudi 9 novembre

Les pompiers viennent de passer pour le calendrier de 2018. L'an dernier, je me rappelle que tu étais là, quand le pompier a sonné et C. est descendue, pour en prendre un aussi.

Si on m'avait dit qu'un an après, tu ne serais plus là... Et qu'une autre voisine descendrait pour parler au pompier... Quoi que...

Je suis contente d'avoir commencé cette lettre pour toi, juste après ta mort car je suis certaine, que certaines choses, je les ai déjà oubliées.

Heureusement, bien entendu, l'esprit humain est bien fait. De grands moments de tristesse me submergent encore mais je savoure ma liberté et l'apaisement. J'étais toujours dans l'inquiétude, ces dernières années.

Dimanche 19 novembre

J'ai pensé tous les jours à toi depuis mon dernier passage dans cette lettre... Rien de spécial, des moments de chagrin, des souvenirs mais des grandes plages de bien-être, je dirais de mieux-être... Aujourd'hui, jolie journée chez les amis d'Obernai, tu les aimais... C'est le genre de personnes qui te rendaient meilleur, que tu n'avais pas envie de critiquer... Leur vie te plaisait, sans l'envier, mais tu étais dans le respect et la bonne humeur avec eux !

C'est assez amusant, car ils ressemblent à beaucoup de nos amis et à nos parents, mais chez eux tu ressentais une bienveillance qui manquait ailleurs.

Ils sont effondrés encore par ton départ, difficile pour moi de ne pas sombrer mais cette fois-ci je n'ai pas pleuré, nous nous sommes tous efforcés à laisser gagner la joie de vivre !

Voyage en train, journée superbe... Un bon moment !

Jeudi 30 novembre

Belle journée avec les retraités de la *Caisse d'Épargne*, cochonnaille à Fouday, dans le prestigieux restaurant *Chez Julien*... Rien à dire ! Des retrouvailles avec d'anciennes collègues... Première neige (abondante) qu'on voyait tomber derrière les baies vitrées !

Même si le cadre est un peu trop « bois », à mon goût, tout y est bien rodé et efficace !

Mercredi 6 décembre

La France est en deuil, JOHNNY HALLIDAY nous a quittés ! Tu m'avais conseillé d'aller voir les vieilles canailles et tu avais bien fait, je ne l'avais jamais vu sur scène. Il était déjà malade, mais encore en forme et le spectacle était réussi ! J'ai du chagrin, comme nous le disions toujours, toutes les vedettes de notre jeunesse vont nous quitter les unes après les autres... Tu avais eu de la peine, pour Michel Delpech, moi aussi... Un des premiers albums que nous avions acheté après notre mariage, c'était le sien, avec la colombe blanche à la main... Nous l'écoutions sur la chaîne DUAL, cadeau de mon oncle...

Jean d'Ormesson nous a quittés hier... Beaucoup d'émotion aussi...

Mercredi 13 décembre

Bon anniversaire mon ourson... Sur cette terre, tu n'auras jamais 66 ans...

Tu ne faisais pas ton âge, la dialyse avait fait beaucoup de bien à ton teint et guéri tes maladies de peau.

Tu avais quelque chose d'enfantin et de naïf dans tes grands yeux bleus, une peau douce comme un bébé sur les tempes et, les derniers temps, je t'embrassais souvent à cet endroit-là.

Tu étais dur et inflexible dans bien des domaines mais frais et pur. Et spontané dans tout ce qui touchait aux animaux… J'ai remarqué que tes souvenirs d'enfance étaient bien plus présents, les dernières années. Le regret de ne pas avoir eu la place que tu aurais voulue, par exemple, se manifestait parfois et j'ai découvert une page dans un de tes classeurs où tu avais regroupé ta mère, ton père et toi même, dans ton landau comme si tu faisais abstraction des autres, que tu voulais tes parents pour toi tout seul.

Je ne me suis pas penchée vraiment sur tes souvenirs, tu faisais si peu cas des miens et nos enfances respectives avaient connu des freins et des frustrations.

Tu étais dur et sans complaisance envers mes parents et fermé, dès qu'on parlait des tiens.

J'ai eu une radieuse enfance, mes parents ont fait ce qu'ils ont pu… Certes, nos générations étaient sacrifiées sur l'autel des vies difficiles des parents et si les bébés faisaient fondre les cœurs, les enfants et les adolescents que nous devenions n'étaient souvent que des bouches à nourrir qui devaient le plus rapidement possible trouver un travail et quitter le nid.

Notre place n'était pas la même que celle des enfants d'aujourd'hui… Nous étions loin d'être des enfants rois, à part les enfants uniques, peut-être… Mais avec la forte natalité, ils étaient peu nombreux.

Souvent, les enfants venaient sans qu'on les désire vraiment… Le baby-boom, quoi !

24 et 25 décembre 2017

Il y a une chose dont je suis sûre, c'est que ces fêtes-là ne te manqueront pas ! Tu avais de très mauvais souvenirs de Noël… Tu disais que tes parents s'engueulaient tout le temps à ce moment-là… Certes… À la réflexion et même si j'ai toujours respecté tes souvenirs, tu n'as jamais fait d'efforts pour évoluer, pour tenir compte de mon envie de perpétuer cette tradition. Tu venais en famille avec moi, mais sans grande implication…

Nous, à Noël, on mettait les petits plats dans les grands, on chantait, on se réjouissait, je n'ai que des bons souvenirs… Ma sœur nous a quittés en janvier 2004 et 2003 a été le dernier Noël que nous avons fêté en famille… C'était déjà un Noël triste, ma sœur allait mal et nous avons écourté la fête chez ma nièce.

Ensuite, les enfants nous ont ignorés et les Noëls ne se paraient plus d'aucune décoration.

Je ne me plains de rien, nous avions nos rites, nos habitudes, par exemple le « *Père Noël est une ordure* » que nous regardions tous les ans ! Nous ne recherchions la compagnie de personne, nous nous suffisions… Combien de fois avons-nous prétendu être invités, juste pour nous débiner et rester seuls…

Comme nous l'avons constaté souvent ces dernières semaines, nous avions une complicité ! À défaut d'être un couple traditionnel, nous avions un mode de fonctionnement qui nous rendait atypiques mais proches… Les dernières trois années surtout nous étions dans notre bulle… Je m'en rends compte de plus en plus…

Mais tout passe tellement vite et ces jours-là aussi, comme tous les autres.

2009 : DÉMÉNAGEMENT

Nous avons dû quitter le logement précédent et tu as cherché sur le net. Le premier à te sauter aux yeux est celui où je suis encore !

Tu adorais ce logement même si c'est celui qui t'a vu décliner.

Ta vue depuis ta place dans la cuisine t'enchantait, tous ces grands arbres et le parfum des fleurs de tous les jardins t'accueillait quand tu rentrais !

Quand tu es parti, j'ai dit à tout le monde que je me laissais un an pour quitter le logement ou rester…

Une nuit, j'ai fait un rêve… On était dans la voiture, tu conduisais.

Tu m'as dit : « *Tu as perdu ton alliance, où est-elle ?* » J'ai dit que « *je l'avais laissée à la maison.* »…

Tu m'as dit « *On fait demi-tour, je veux que tu restes dans cette maison, et que tu gardes la bague* ».

Je suis restée, j'y suis encore à ce jour… Et mon anneau d'or, je le porte toujours.

31 décembre 2017

Voilà, le dernier jour de cette année est là et ce soir, le compteur va tourner.

Je vais chez A.-M. et F., mon choix de rester seule n'a pas tenu devant leur gentille invitation.

Je penserai à toi, à nous, à ce dernier 31 décembre où, pour la première fois depuis toutes ces années, tu dormais à minuit et je ne t'ai pas réveillé !

J'ai dit souvent, cette année, que je ne me rendais pas compte de ton état de santé réel, que ta mort a été une surprise… C'est vrai, bien entendu.

Pourtant avec le recul, certains indices auraient dû m'alerter.

Mon corps avait compris, mes douleurs dans le dos ne me laissaient plus de répits, je me traînais à genoux parfois pour pouvoir te donner tes soins à 6 heures.

Je ne voyais plus d'issue et j'avais peur de devoir démissionner, de devoir multiplier encore les aides et si je suis heureuse d'une chose, c'est que jusqu'au bout, j'ai pu assurer ton lever, ton petit-déjeuner, et d'être à tes côtés dans la journée.

Je m'emportais souvent, mais comme l'a dit ton médecin, c'était notre façon de fonctionner et tu n'aurais pas compris que j'agisse autrement.

Drôle de destin tout de même, que le nôtre qui nous a rapprochés à la fin de ta vie, moi qui ne voulais pas soigner, ni te soigner, et qui ai longtemps reculé l'échéance.

À la fin, je faisais ces gestes avec plaisir et dévotion… Comme une mère à son enfant… Ces gestes m'ont peut-être manqué, qui sait, et tu me donnais l'occasion de les accomplir.

Lundi 15 janvier 2018

Cette année je n'ai pas encore écrit mais pas un jour bien entendu où je n'aie pensé à toi.

France Gall nous a quittés le 7, je sais que tu l'aimais bien... Elle est allée rejoindre Michel et Pauline, dans leur paradis blanc...

Il y a un an, nous passions une super-journée avec des amis autour d'un baeckeofe. Tu étais très en forme et nous avons regretté que les amis soient obligés de repartir en fin de soirée car tu aurais bien aimé voir le match en compagnie d'un autre fana comme toi !

Je t'ai retrouvé comme je t'ai toujours connu, quand tu étais en bonne compagnie bavard, souriant, plein d'anecdotes...

C'était cette fameuse journée, que connaissent les grands malades, le chant du cygne !

Je voulais tellement que tu te maintiennes encore un peu... J'étais si naïve...

Mardi 23 janvier 2018

Nous avions instauré une coutume à mon premier anniversaire, en couple... le 23 janvier 1975, tu m'as fait 21 bisous au matin... Nous étions mariés depuis 9 semaines...

Cette tradition, nous l'avons gardée durant toutes ces années... À un certain moment, vers la quarantaine je crois, nous faisions des gros bisous pour les dizaines, et des petits pour les années...

En janvier, avant que tu ne meures, tu me les as encore faits, mais moi le décembre d'avant, je n'ai pas pu te les faire : tu étais hospitalisé… J'ai bien senti que c'était mauvais signe et je ne me suis pas trompée.

Cette année, personne pour les bisous… Et c'est bien la première fois que je ne fais pas de fête. Je n'ai pas envie, tu me manques… La vie d'avant me manque… Je suis en pleine mutation.

Des amis m'ont invitée à déjeuner, j'ai passé une belle journée, il faut que je me fasse une raison… Je sais aussi que j'y arriverai.

Vendredi 26 janvier 2018

Il y a un an, ton médecin en compagnie de l'assistant social ont tenté de m'alerter sur ton état, je n'ai rien compris.

Je me suis insurgée : ils voulaient que je prévoie un long séjour pour toi, dans un établissement spécialisé… Quelle idée… Même si je souffrais du dos, je voulais continuer à m'occuper de toi.

En fait et je l'apprendrai après ton décès, ils avaient vu qu'un nouvel AVC te menaçait, un chapelet de caillots de sang avait été détecté dans ton cervelet.

Tu étais pourtant toujours pareil, on parlait tant, tu ne me semblais pas diminué… Même si certaines absences, des propos décalés auraient dû m'alerter… Je ne voulais rien voir.

Mais c'est depuis ce jour-là que cette fameuse main glacée me tordait les tripes, mon subconscient, lui, avait compris !

Mercredi 14 février 2018

La saint Valentin était un jour comme un autre pour nous… Nous étions d'accord, c'était une fête commerciale, nous n'allions pas rentrer dans ce jeu… Même si moi, en incorrigible sentimentale, j'aurais aimé qu'un petit quelque chose marque le coup, ce jour-là… J'ai dû attendre notre dernière saint Valentin ensemble pour que tu me fasses un cadeau… Tu as voulu que je commande un lot de boucles d'oreilles sur une chaîne de shopping. Je les avais trouvées jolies et tu m'as dit de les commander avec ta carte de crédit… Je l'ai fait… Tu étais encore là quand elles sont arrivées et je les portais lors de ma dernière visite à l'hôpital ce vendredi qui a été notre dernier contact… Ensuite, je les ai égarées, j'y voyais un signe… Je les ai retrouvées à un endroit improbable où elles n'avaient aucune raison de se trouver… Un signe de plus pour moi… Depuis, beaucoup de choses sont « signe »…

Je sais, je me moquais de ça, avant… Mais depuis que tu es parti, ça m'arrange de croire en ces signes… Je te demande souvent de m'en faire, de me rassurer… Pour que cette vie qui m'attend, qui déroule son long ruban devant moi ait un sens et que je puisse vivre mes dernières années en sentant que tu me soutiens…

Dimanche 18 février 2018

Concernant les dernières semaines de ta vie, je pense souvent au film « *Phénomène* ».

Ce film où John Travolta avait développé des facultés mentales extraordinaires, apprenait à la vitesse grand V des langues étrangères et avait acquis en peu de temps une culture générale extraordinaire…

Finalement une tumeur expliquait ses facultés décuplées, et il est décédé…

C'était un peu comme ça que ça s'est passé pour toi !

Car si tu as toujours été brillant, curieux de beaucoup de choses et inlassablement avide de te cultiver, tu t'intéressais les dernières semaines à des choses inhabituelles…

La mode, la cuisine et tu me racontais des choses de ton enfance que tu n'avais jamais évoquées… Tu comprenais aussi l'Anglais et l'Allemand et tu aurais tant aimé maîtriser ces langues dans ta vie active !

Tu parlais des voyages avec tes parents, les villes que tu avais visitées. J'avais parfois l'impression d'être passée à côté de beaucoup de choses avec toi.

Je n'ai pas réalisé que c'était ta façon de me dire au revoir… Le livre de ta vie qui s'achevait et dont tu voulais me livrer les zones inconnues… Me révéler les pages que tu n'avais pas tournées avec moi.

Comme cette pochette, dans le classeur, dans ton bureau, que j'ai découverte quelques semaines après ta mort et où tu as glissé trois photos : ton père, ta mère et toi dans ta poussette… Vous trois… Je pense que tu aurais aimé être enfant unique, mais ça, je le savais déjà… Là, tu me l'as juste confirmé…

Même si cette découverte m'avait broyé le cœur, moi qui n'avait pas besoin de ça, je reste convaincue que les blessures de notre enfance, les rapports avec les parents, c'est à chacun de nous de les gérer… Faire porter ce poids à un compagnon de vie (même si c'est en gardant le silence, à cacher les failles), c'est immature… Le faire souffrir pendant des années de nos manques et de nos frustrations, révèle un égoïsme, une incapacité à se projeter au-delà de l'enfance…

Bien entendu, ça aussi, je le savais… Mais aujourd'hui, plus moyen de retourner en arrière… Plus jamais l'occasion d'en parler.

Lundi 26 février 2018

Un week-end glacial et une semaine très froide qui s'annonce… J'ai une pensée pour toi qui étais si frileux…

Je ne vais même pas à la piscine, je reste au chaud, (tu me disais toujours : « *Reste au chaud !* ») avec du -7, ressenti -10, à cause d'un vent venu de Sibérie…

Cette période est difficile, tant « d'anniversaires »… Il y a un an, la période critique s'annonçait avec tous ces signes que je ne voulais pas voir… Tous ces gens qui tu évoquais, ces souvenirs que tu me racontais, dont certains inédits…

Tout ça me broie le cœur, je me demande toujours ce que j'aurais pu faire, ce que j'ai mal fait.

Mais comme je suis dans le doute, je me dis que si tu es mort, définitivement parti, tu n'en sauras plus rien et, si tu es partout autour de moi, comme me le disent les médiums, tu sais ma tristesse et l'envie que j'avais de faire le mieux possible…

La boucle sera bientôt bouclée et au bout de cette année sans toi, j'ai grandi ! Je sais maintenant comme un couple est fort, face aux autres…

C'est aussi ça que veulent me dire les gens seuls depuis longtemps, on perd son identité, on est livré aux autres, sans garde-fou.

On me sonne à toute heure, on n'hésite pas à me reprocher des choses insignifiantes, on se permet des remarques sur ma façon d'être ! Hé oui, je suis certaine que si tu étais encore là, bien des amis, des connaissances, ne se permettraient pas la moitié !

Mais je ne suis pas ingrate, plein de belles surprises aussi… Des amis très présents, des messages, des invitations… Certains se sont dévoilés et des liens se sont resserrés… On m'appelle pour me demander comment je vais et tu serais surpris par le nombre de gens à qui tu manques, qui parlent de toi, de nos repas, de nos soirées… de tes blagues, que je connaissais par cœur et je n'étais pas la seule…

Oui de belles années, toute notre jeunesse…

Je ne suis pas encore au stade où on m'invite pour me présenter un « ami qui est seul aussi » mais je ne désespère pas LOL.

La plupart du temps, les intentions ne sont pas mauvaises, le passé fait partie de nos vies… Mais ça me met encore plus le doigt sur ma solitude, sur mon nouveau statut de veuve auquel il faut que je me fasse, tout doucement.

Dimanche 11 mars

Aujourd'hui cela fait 40 ans que Claude François nous a quittés.

C'était un samedi, tu m'as cherchée au travail, après 17 heures, et ce sont les premiers mots que tu as dits : "*CLO CLO est mort*".

Tu avais aimé sa dernière période avec les Claudettes, tu commençais à vraiment t'intéresser à lui.

C'est resté une plaisanterie, entre nous ! Quand tu commençais à apprécier un artiste, on disait : "*Attention, il n'en n'a plus pour longtemps !*"

Lundi 19 mars

Il est 20 heures, à cette heure-là il y a un an, tu avais quitté la maison en ambulance pour ne plus jamais revenir.

Nous ne nous y attendions pas, le médecin avait préféré t'hospitaliser vu tes antécédents car tu avais de la température… Et une infection des bronches, due aux fausses routes.

Tu es parti avec deux jeunes ambulancières, que nous ne connaissions pas.

Je n'étais pas spécialement inquiète. Le lendemain les nouvelles étaient bonnes et les jours suivants aussi.

Je suis venue le mercredi, tu allais bien, tu étais comme d'habitude !

C'est le vendredi matin, lors de ma dernière visite, la dernière où tu étais conscient, que tu m'as dit que tu allais mourir.

Et c'est ce même vendredi soir qu'on m'a appelée dans la soirée pour m'annoncer qu'on allait « *te laisser partir* »…

Ton quatrième AVC s'était transformé en hémorragie cérébrale, il n'y avait plus rien à faire, aucun intérêt à s'acharner et j'en ai convenu…

Comme je l'ai dit souvent, tu es parti le dimanche matin, à 8h32…

Mardi 20 mars

C'est le printemps... Ces dernières années, tu étais sensible aux saisons... La neige qui tombe, les premières fleurs et surtout leur parfum, que tu adorais.

Quand l'ambulance te ramenait, tu te réjouissais de tout, tu étais sensible à tout.

De ta place à table, en face de la grande baie, tu savourais les arbres, les feuilles vertes, puis jaunes, puis rousses... La palette de couleurs, que l'automne applique aux feuillages... Puis les branches nues, couvertes de leur pellicule de neige... Ce n'était pas seulement du désœuvrement, je sentais dans cet intérêt pour plein de choses qui avant te semblaient futiles, une vraie envie de savourer ce que la vie apporte de façon régulière et immuable.

Tu as toujours été contemplatif et cette façon de savourer la nature n'était pas frustrante pour toi ! Tu détestais les promenades « marcher sans savoir où on va » et j'étais un peu de ton avis.

Nous étions forcément d'accord sur plein de choses, sinon, comment tenir, toutes ces années.

Aujourd'hui je m'en veux d'avoir sous-estimé certains signes, mais qu'aurais-je fait ? Nous serions tombés dans le pathos, trop peu pour nous.

Nous n'avons jamais parlé de la mort, ni de la nôtre, ni de celle des autres...

Mais nous étions d'accord pour dire qu'après la mort, il n'y avait rien... Que croire à un « après » était réservé aux faibles, ceux qui veulent se rassurer, ceux qui ont peur.

Que tous les signes, que d'aucuns interprètent comme des

2016 : JALOUSIE

Pour me taquiner, tu admirais tour à tour des actrices des séries que nous regardions tous les deux… À ce moment-là, tu avais craqué pour Candice Renoir.

Une semaine, un journal télé l'avait mise en couverture.

Je l'ai découpée, placée dans un cadre et posée sur ton bureau…

Je t'entends encore rire.

C'était une de mes dernières blagues…

manifestations des disparus, sont provoqués par nos cerveaux et illusoires.

Tout ce que je peux dire aujourd'hui sur le sujet, c'est qu'en effet, c'est un réconfort, de penser que tu es toujours auprès de moi.

Mardi 22 mars

Cette semaine est très difficile… Tous les matins, les « il y a un an » me plongent dans le chagrin…

Hier, il y a un an, tu partais de la maison en soirée pour ne jamais revenir.

Nous ne nous en doutions pas… Tu avais été hospitalisé, à cause de ta fièvre causée par ton infection pulmonaire et qui a inquiété le médecin.

« Vu tes antécédents », il ne voulait pas prendre de risque.

C'est ta phrase du vendredi matin, ton coma de l'après-midi et le verdict du médecin dans la nuit, qui m'ont mis devant les faits : l'inévitable issue.

Lundi 26 mars

Voilà, la boucle est bouclée, même si c'était hier que la journée a été la plus dure : le dimanche matin est à jamais entaché par ton départ.

Je sais déjà, qu'à jamais ce 26 mars sera dans mon cœur.

Mais ce n'est pas nouveau, ma chère grand-mère maternelle était partie à la même date, à la même heure !…. Et c'est toi qui m'avais appelé, pour me le dire…

1er avril 2018

Voilà, ça fait un an que j'écris, que ce « journal » me fait du bien… Beaucoup de larmes versées mais de toute façon, je me sentais poussée à le faire…

Que dire, quel bilan faire ?

Il est certain que pas une journée n'a passé sans que je pense à toi.

J'adorais tes yeux, ils étaient d'un bleu si pur et tu avais un regard si candide.

Ce regard m'a fait fondre bien des fois, il montrait ta vulnérabilité, ton désarroi, quand ta bouche disait tout autre chose.

S'il est vrai que les yeux sont le miroir de l'âme, elle devait être pure, elle aussi…

Peut-être sommes-nous passés à côté de bien des choses, mais dans la vie souvent, on se contente du paraître.

Notre génération porte en elle des obligations d'un autre temps, nous avons été élevés comme ça !

Les hommes sont forts et ne pleurent pas. Les femmes sont corvéables à merci et sont dévouées corps et âme à leurs maris.

Toutes les dérogations à ces concepts nus mettaient mal à l'aise, étaient mal vécues.

J'ai bénéficié de l'émancipation de la femme mais avec l'impression diffuse que je ne la méritais pas… Je l'ai mal vécue… Entre rébellion, indépendance et fronde, quelque chose en moi aurait voulu une main mise plus totale, plus tyrannique.

Nous avons formé un couple atypique, tiraillé entre les rapports de force et l'envie de se faire plaisir.

Nous voulions notre vie, mais aussi, intensément et surtout moi, plaire à nos parents.

Issus tous les deux de familles conventionnelles, fortement influencées par des bases teutonnes, nous avions à cœur d'être de braves petits soldats, qui marchent au pas et qui ne posent aucun problème.

Comme beaucoup de gens qui ont perdu un proche, ton absence est encore mystérieuse... Ma tête sait bien, que tu es parti pour toujours, mais mon cœur t'attend encore.

Certaines personnes me disent que je t'attendrai longtemps, certaines disent même... Toujours !

Parfois, j'envie les gens qui ont la foi, ceux qui pensent qu'on retrouve un jour ceux qu'on aime.

11 avril 2018

Des fois je vois une scène, comme dans *TITANIC*... Un grand escalier qui monte, l'espoir qui enfle et toi qui m'attends dans ton fauteuil, et qui me dis, comme quand je rentrais : « *Déjà ? Tu as fait vite !* »

Oui je faisais toujours vite, j'avais toujours si peur de te trouver plus mal.

... Mais j'avais aussi hâte de te voir, de te raconter les cancans, de rire avec toi !

Car quoi qu'on dise, quoi qu'on pense, tu as été l'homme de ma vie.

… « ***Et si je m'en sors, j'aurai bien mérité un chien*** »…

Achevé à Strasbourg, le 11 avril 2018.

More Books!

yes

I want morebooks!

Buy your books fast and straightforward online - at one of world's fastest growing online book stores! Environmentally sound due to Print-on-Demand technologies.

Buy your books online at
www.morebooks.shop

Achetez vos livres en ligne, vite et bien, sur l'une des librairies en ligne les plus performantes au monde!
En protégeant nos ressources et notre environnement grâce à l'impression à la demande.

La librairie en ligne pour acheter plus vite
www.morebooks.shop

KS OmniScriptum Publishing
Brivibas gatve 197
LV-1039 Riga, Latvia
Telefax: +371 686 204 55

info@omniscriptum.com
www.omniscriptum.com

FSC
www.fsc.org
MIX
Papier | Fördert gute Waldnutzung
FSC® C083411

Kolibri 360 GmbH
Ferdinand-Jühlke-Straße 7
99095 Erfurt, Deutschland
produktsicherheit@kolibri360.de

Druck:
CPI Druckdienstleistungen GmbH
im Auftrag der
Kolibri 360 GmbH
Ferdinand-Jühlke-Str. 7
99095 Erfurt